パインウッド・スタジオのジムにいるクレイグと筆者（右）。私たちはいつもトレーニングパートナーだった。クレイグが『007 ノー・タイム・トゥ・ダイ』の準備をしているとき、私は彼と同じ回数のトレーニングをしていた。

上：ジェームズ・ボンドはたくさん走らなくてはならない。クレイグはパインウッド・スタジオのジムで心肺機能のベースを固めなくてはならなかった。『スカイフォール』のためのトレーニング中に撮影。

下：イギリスは雨が多いので、クレイグと私は屋外の陸上トラックではなく、ジムの中でスプリントのトレーニングをしなくてはならなかった。

左：休憩とリカバリーは運動能力を高めるために重要になる。

下：『カジノ・ロワイヤル』でクレイグが水中から現れるこの印象的な一枚に、厳しいトレーニングの成果が表れている。

上：『スター・ウォーズ』のために準備をするジョン・ボイエガ。彼はストームトルーパーとして訓練を積んだかのように動かなくてはならなかった。

下：『スター・ウォーズ エピソード7』のシーンで走るボイエガとデイジー・リドリー。この『フォースの覚醒』では、すべてのトレーニングが見事に活かされている。

左：『エンド・オブ・ステイツ』に向けてトレーニングに励むジェラルド・バトラー。

右上：『ジュラシック・ワールド』に向けたクリス・プラットのトレーニング用につくったトレーラー。

下：『ノー・タイム・トゥ・ダイ』のプレス・ツアーで訪れたロサンゼルスで、YouTuberのハイリー・サニと撮影中の私。

上と右:『ドラキュラ』に変身したルーク・エヴァンズ。彼の背中は空が飛べるように見えなくてはならなかった。エヴァンズの役は、背中から羽を折りとられているのだ。

下:ウィル・スミスから『アラジン』のためにジムを設計してつくるよう依頼された。モチベーションを上げるために、そこの壁には巨大な魔法のランプのステンシルシートも貼るよう頼まれた。

上：『ハン・ソロ／スター・ウォーズ・ストーリー』のハン・ソロ役の準備をするオールデン・エアエンライク。エアエンライクは、オリジナル作品でのハリソン・フォードの体つきと身のこなしをまねようとした。これは簡単なことではなかった。

下：『ハン・ソロ』撮影中。まさにハン・ソロに見えるエアエンライク。

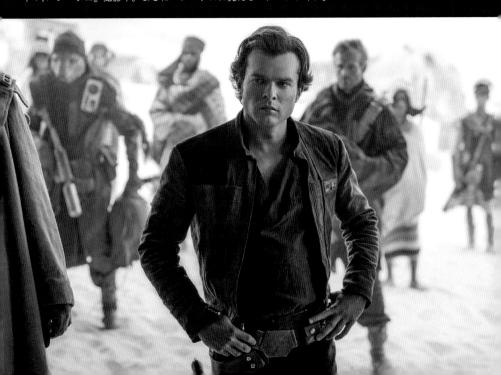

『ノー・タイム・トゥ・ダイ』の準備期間中、私たちはクレイグを地球上で最も身体ができあがった50歳にすることに決めた。

上：強い精神状態を維持することは、強い肉体を持つことと同じくらい重要だ。

下：クレイグがケガの影響で下半身をうまく動かせなかったときでさえ、上半身は動かせたので、私たちはずっとトレーニングを続けた。

ディップスをすると、純粋に上半身の筋力が試されるが、ブーツの重さが加わったらなおさらそうなる。

上：モロッコでの『スペクター』の撮影中、レア・セドゥとロケ現場で。セドゥは、私が『スペクター』と『ノー・タイム・トゥ・ダイ』のために考案したトレーニングに誠心誠意取り組んでくれた。

左下：『ドクター・ストレンジ2』に向けて準備をするベネディクト・カンバーバッチ。

右下：私は、自分の目標に向かってトレーニングに励むより、誰かの身体づくりの目標が達成できるよう手伝うほうにやりがいを感じる。とはいえ、私もがんばらなくては！

上：パインウッド・スタジオのボンド用ジムにいるクレイグと私。壁に007のロゴがあると、クレイグは懸命にトレーニングしている理由を思い出す。

下：『ノー・タイム・トゥ・ダイ』に向けてリハビリを進めるクレイグ。足を負傷したくらいではトレーニングは中断されなかった。

上：『ノー・タイム・トゥ・ダイ』の撮影中にストレッチをするクレイグ。撮影中にリカバリーを行うことはかなり重要だった。

下：007シリーズのどの撮影でも、クレイグのメニューにストレッチは欠かせなかった。

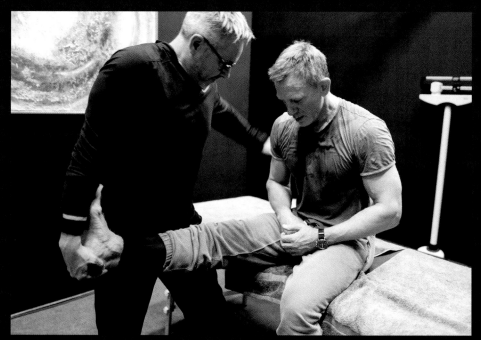

上：『キングコング：髑髏島の巨神』に向けた準備中、ロンドンの陸上トラックでスプリントのメニューをこなすトム・ヒドルストン。

下：メニューを終えてストレッチをするヒドルストンと私。

上：3人が勢ぞろい。『ノー・タイム・トゥ・ダイ』用のジムにいる私、クレイグ、007の公式カメラマンのグレッグ・ウィリアムズ。

下：役割を入れかえ、ここでは私がボンドにトレーニングを見てもらっている。『ノー・タイム・トゥ・ダイ』の試写会の数週間前、2021年8月にクレイグが撮影。

理想の身体を賢くつくる

インテリジェント
トレーニング
INTELLIGENT TRAINING

サイモン・ウォーターソン Simon Waterson　酒井章文 訳

かんき出版

For B, H and O xxx
And for P, A and O xxx

INTELLIGENT FITNESS
by
Simon Waterson

Japanese translation rights arranged with David Luxton Associates Ltd
through Japan UNI Agency, Inc., Tokyo

まえがき

「サイモンはジェームズ・ボンドの右腕」
ダニエル・クレイグ

　サイモンに指導してもらわなかったら、ジェームズ・ボンドを15年にわたって演じることなどできなかっただろう。風雨を模したパインウッド・スタジオ［イギリスのバッキンガムシャーにある、007シリーズで有名な映画スタジオ］のセットで朝の5時に撮影が終わったときも、走行中の乗り物のうしろに不安定にぶら下がった状態で12時間夜を徹して行われた撮影のときも、世界中の異国情緒あふれる国々でも、サイモンはいつも私のすぐそばにいてくれた。

　秘密情報部のエージェントであるボンドは痛めつけられることを避けられないが、サイモンはいつも私を助け、支えてくれた。私の準備をし、必要とあれば、おかしくなった肘や膝の関節を治してくれた。やむを得ずケガをしてしまうと、サイモンはいつでも時間をかけてリハビリや処置をした。私の出演したボンドシリーズ5作品のために、彼はジムで私の隣に必ずいて、トレーナーとしてだけでなくトレーニング・パートナーとして、私に課したトレーニングを1つ残らず自分でも実践した。私の横で同じトレーニングをするサイモンは、私がボンド役の身体づくりのためにやっていることを理解していた。

　サイモンが唯一無二の才能あふれるトレーナーなのは、その好奇心、献身性、謙虚さ、学ぼうとする意志の賜物である。007シリーズの制作

に参加するのは特別なことなので、サイモンと私は初めて会ってディナーに出かけたとき、理想のジェームズ・ボンド像を話し合った。その夜、メモをとっていたサイモンによると、私は「印象的で、堂々としている」という表現をしたそうだ。

　ボンドを演じるためには、かなりのエネルギーが要る。昼夜を問わず長時間に及ぶ撮影を何カ月も続けられる強さが必要になる。私の前に007シリーズ2作品のためにピアース・ブロスナンを鍛えた経験があるサイモンと、私はこれ以上望めないほど協力し合えた。『カジノ・ロワイヤル』で初めて007シリーズに出演するとき、私は30代だった。5作目となる『ノー・タイム・トゥ・ダイ』のときは50代になっていたが、私たちはゆっくりとスタートし、制作準備段階の短期集中トレーニングに向けてペースを上げていった。サイモンは毎回、私がボンドを演じられる状態にあると断言してくれた。

『ノー・タイム・トゥ・ダイ』の準備にはそれまでよりも少し時間をかけたが（約1年）、『カジノ・ロワイヤル』を始めとする4作品に負けず劣らず私たちは意欲的だった。年齢を言いわけにして基準を下げなかった。それどころか撮影初日から、これまでと同じくらい身体ができあがっていた。

**　すべての007シリーズで、私はできるだけたくさんのスタントをこなしたかった。それができたのは、身体づくりに対するサイモンのスマートなアプローチと、トレーニングだけでなくリカバリーと栄養にも注目する彼のやり方があったからだ。サイモンと仕事ができたことを光栄に思う。**

CONTENTS

PART 1　トレーニング

1　大きく考え、小さな目標を定める　26

PART 2　リカバリー

10　リカバリーはトレーニングと同じくらい重要である　208

11　睡眠の質を向上させる　217

12　ケガと挫折に対処する　225

PART 3　ニュートリション

[　]…は訳注を表す。

装丁・デザイン・DTP　荒木香樹

はじめに

映画スターのように、見て、動いて、感じて、眠って、回復しよう

　私は25年以上にわたって俳優を鍛える仕事をしている。『ジュラシック・ワールド』『インディ・ジョーンズ』『アベンジャーズ』『ワイルド・スピード』などの映画に携わり、映画業界で、ヘルス・アンド・フィットネスコーチとして、俳優たちがその作品を象徴するような、運動能力を必要とする役を演じられるように取り組んでいる。

　私は本書で紹介する方法を活用しながら、有名映画の肉体づくりのために俳優をトレーニングする幸運に恵まれてきた。『カジノ・ロワイヤル』から『ノー・タイム・トゥ・ダイ』まで、ダニエル・クレイグが主演した007シリーズ5作品すべての準備にかかわった。マーベル・シネマティック・ユニバースの初期の作品『キャプテン・アメリカ／ザ・ファースト・アベンジャー』のためにクリス・エヴァンスを変身させた。私の仕事は、**マンガに出てくるスーパーヒーローを実物にすること**だった。

　また、クリス・プラットとは『ガーディアンズ・オブ・ギャラクシー』の第1作目のために仕事をした。このマーベル作品でも、俳優の肉体に注目が集まる魅力的な場面が重要になった。『スター・ウォーズ』の撮影現場では、出演者の多くが私のチームと一緒にトレーニングやダイエットに取り組んだ。そのため、作品のシリーズ名を『スパ・ウォーズ』に改名したほうがいいというジョークまで聞こえてきた。

　もし若いとき海軍に7年間在籍していなかったら、私はこの仕事をしていなかっただろう。誰かの身体づくりの手伝いをするのが、これほどやりがいがあると実感したのは軍隊にいたときだ。軍隊では、チームや部隊の強さは一番弱いメンバーで決まる。その弱いメンバーを強くすることが私の使命だった。この充実感は、フィットネスコーチとしてのキャリアを通じて、ずっと私のなかにある。俳優たちがスクリーンの上でいい仕事をし、彼らの人生が健康で満足な状態でいられるよう手を貸すのはとてもやりがいがある。自分の身体づくりがうまくいくよりもずっと取り組みがいがある。

　退役後、私はトレーナーになり、フィットネス雑誌に執筆を始めた。そのおかげで、ジェームズ・ボンド・シリーズのプロデューサーの目に止まったのだ。

　世間の俳優の身体に対する期待は昔よりもはるかに高くなっている。私がピアースをトレーニングしたころとは、まちがいなくまったく違う産業と化してしまった。当時、フィットネスは映画産業の周辺に属していたのだが、いまでは私がかかわる作品の大半で中心になっている。007やマーベルシリーズといったアクション映画大作では特にそうだ。もはや俳優は現場に入って演じればいいだけではない。セリフを言ってうまく演じるだけでなく、撮影中ずっと身体とコンディションを保ち、その役にふさわしい見た目でいることを期待される。

　残念ながら、身体を演じることはできない。それを助ける特殊効果などない。だからこそ、長い撮影期間中に俳優がケガをしたり病気になったりしないよう健康状態を保つ役目を担ってほしくて、映画会社は私に依頼するのだ。私は、俳優たちがきちんと安全に仕事ができるようその場にいる。俳優が数週間あるいはそれ以上の期間演技ができない状態になったら、映画会社も大打撃を受けるかもしれない。

　これまで、私はかかわる仕事で控えめな立場をとってきた。だが、一緒に仕事をしてきた一流の俳優たちから積極的に後押しされ、私は本書

で初めて、とても効果的な方法を紹介することにした。この方法で取り組むことで、あなたが自分の目標を達成できることを願ってやまない。

基本からジェームズ・ボンドまで

本書は超上級者向けのフィットネス・マニュアルではないので、おびえる必要はない。本書の目的は、性差も能力差も問わず、誰でも手軽に取り組める実践的なガイドをすることだ。 心身共に健康であることは、撮影現場にいる俳優だけの目標ではない。本書を通じて、あなたがずっと楽しく健康でいられるよう手助けし、そのための案内をする。

　役者たちは役を演じて物語を伝えるための身体的要求に応えるべく、何カ月も訓練し、努力を重ねている。厳しく取り組まなくては、その役をきちんと演じることなどできない。しかし、**私がダニエル・クレイグに15年間行っているのと同じトレーニング法は、初心者同然の人でも映画の撮影に臨もうとする人でも、誰でも実践できる。** あなたが、俳優をアスリートに変えるような効果的なトレーニングプログラムを理解し、自分の身体を復活させる気になってくれることを願っている。

　あなたが目標を達成するだけでなく、他に類を見ない映画業界のフィットネスについて理解が深まるよう、本書では、実際に私がクライアントのために作成したトレーニングを紹介する。ブレイク・ライヴリー、ブライス・ダラス・ハワード、ベネディクト・カンバーバッチ、ジョン・クラシンスキーなど、映画スターたちを最高の状態にするために、私がどのように指導したかを正確に伝える。

　ダニエル・クレイグが『ノー・タイム・トゥ・ダイ』のために行ったトレーニングをしてもいいし、共演したレア・セドゥのためのプログラムをやってみてもいい。あるいは、トム・ヒドルストンが『キングコング：髑髏島の巨神』に出演するためにしたトレーニングや、ジョン・ボイエガとアダム・ドライバーがスター・ウォーズの『最後のジェダイ』

と『スカイウォーカーの夜明け』の２作品に出るためにしたトレーニングに興味を抱くかもしれない（あなたはライトセーバーを振って戦わないかもしれないが、２人と同じようなコンディションにはなれる）。本書から、私のクライアントにとても効果的だった方法と秘訣を得てもらえたらうれしい。そうすれば、自分だけの健康にいたる歩みを進められるだろうし、それを足がかりにして継続することもできるだろう。

私のクライアントは年齢も能力もさまざまだが、**年齢も現在の健康状態も関係なく、目標は達成できる。**私がそのことに気づいたのは、70代後半のハリソン・フォードがインディ・ジョーンズシリーズの５作目に出演する準備をしているときだった。この映画は、代表作『レイダース／失われたアーク《聖櫃》』から40年以上たった2023年に公開予定だ。

最高の自分を手に入れよう

本当にジェームズ・ボンドやボンドガール、キャプテン・アメリカのようになれるのかと、いつもたずねられる。その答えは、私のアドバイスに従い、本気で取り組んで、遺伝的な素質があれば可能だ、となる。だが、映画スターのような身体になり、スクリーンで目にするような姿になろうとするのではなく、スターたちの変身に刺激を受けて、できるかぎり最高の自分になれるようにするほうがうまくいくだろう。**私の洞察やエピソードによって、あなたが健康になろうと思うだけでなく、元気になって、よく眠れるようになり、自信をつけていってほしい。**

これまで25年以上、私は映画業界で信じられないような経験をしてきた。すばらしい人たちと驚くような場所や現実離れした状況で仕事をしたこともある。

たとえば、午前５時すぎにロンドン中心部のソーホーのあたりをベニチオ・デル・トロと歩き、トレーニング後のエスプレッソを飲ませろと、カフェのドアをどんどん叩いて店を開けさせた。

　ほかにも、午前3時半にジェイク・ジレンホールと砂漠でトレーニングをしたり、ベネディクト・カンバーバッチと100メートル走をし（て負け）たり、アダム・ドライバーと卓球をし（て負け）たりした。ブライス・ダラス・ハワードがBOSUのバランストレーナー［半円形のバランスボール］の上に、目を閉じて片足で立てるようになったときのうれしそうな顔をはっきりと覚えている。あれは、彼女が『ジュラシック・ワールド』の恐竜からハイヒールを履いたまま走って逃げられるよう準備をしていたときのことだ。

　また、ウエストロンドンにあるホテルのジムで、ジェイク・ジレンホール、エミリー・ブラント、ダニエル・クレイグのトレーニングを順番に行うという実にめずらしい朝もあった。ジェイクが午前9時、エミリーが10時、クレイグが11時だった（まるでレッドカーペットが敷かれたイベントだ）。レイフ・ファインズやウディ・ハレルソンなど、現在の映画界における最も優れた俳優たちと仕事をする機会にも恵まれた。この2人はくり返し、私が用意したプログラムに集中して取り組んでくれた。『ハン・ソロ／スター・ウォーズ・ストーリー』に出演するオールデン・エアエンライクをトレーニングしたとき、彼はハリソン・フォードの体格に似せようとした［スター・ウォーズ映画の過去作では、ハリソン・フォードがハン・ソロ役を演じた］。別の人物に見せようとするのは大変なのだが、エアエンライクは徹底的に努力をした。

ボンドとボンドガールのトレーニング

　ジェームズ・ボンドは私の仕事の大きな部分を占める。私は、『ワールド・イズ・ノット・イナフ』から『ノー・タイム・トゥ・ダイ』までの7作品で、20年以上にわたりジェームズ・ボンドのパーソナルトレーナーを務めている。007のファンであり、ヘルス・アンド・フィットネスコーチとして、私は007の2作品のためにピアース・ブロスナンをト

レーニングする栄誉にあずかった。そのあとは、ダニエル・クレイグが5作品で007を演じるのに必要な肉体づくりができるよう、一緒に仕事をしている。たくさんのボンドガールのトレーニングも含めて、こうした時間を過ごすことで、私もボンドファミリーの一員になれた気がする。

2005年10月、クレイグが新しいジェームズ・ボンドだと発表された数日後に、私は彼と初めて会った。そのときクレイグは片手にベーコンのサンドイッチ、片手に手巻きタバコを持っていた。彼は別の作品の撮影でワシントンD.C.にいたので、007シリーズのプロデューサー、バーバラ・ブロッコリから電話があったあと、私はそこに飛んだ。ブロッコリは電話で、会ってほしい人がいると言った（もしバーバラから電話があったら出たほうがいい）。クレイグがサンドイッチと手巻きタバコを持っている姿に私はすっかり魅せられてしまった。「トレーナーの方ですか？」とクレイグが言い、私が「そうです。さあ、いまから始めましょう」と答えた。

ジェームズ・ボンドに変身するには、作品ごとに約１年かかり、俳優にはほかの役には見られない要求が課される。 ジェームズ・ボンドは映画界を代表するキャラクターであり、秘密情報部のエージェントを演じるのは、おそらくどんな俳優も引き受けたことがないほど、心身共にとても難しい。ジェームズ・ボンドになるとは、スクリーン上でもプライベートでもアスリートになることだ。初めて会った日の夜、クレイグと私はステーキを食べに行き、ビールを飲んだ。彼は、ボンドがどのような外見で、どのように動くようにしたいかについて語り、「印象的で、堂々としている」というキーワードを使った。そのとき、私は計画を思いついた。夕食のあいだ私はメモを取り、クレイグのトレーニングメニューをつくるためにその場をあとにした。

初めて一緒に食事をしてから、クレイグがボンドになるために何をしようとしているのかがはっきりとわかった。まさにボンドのように容赦

なく、彼は毎日毎日、文句も言わず、言いわけもせず、必ずやってきた。**クレイグは私の計画を信じ、自分の健康状態とスクリーン上に表現したい肉体の実現を私の手にゆだねてくれた。**

　私たちは初めから細心の注意を払った。クレイグの運動能力が1%でも上がりそうなことがあれば、それを行った。彼のこだわりは並外れていた。たとえば、銃を所持しているとき、その武器をずっと扱ってきた前腕に見えるように望んだ。特に制作準備段階の短期集中トレーニング中、最後の数週間は大きな試合の前のボクサーのように激しく鍛え、レベルを一段階上げた。

　映画の公開後、何年かたっても、いまだに『カジノ・ロワイヤル』の印象的な浜辺のシーンについて話してくる人がいる。クレイグが真のアクションヒーローらしく海から現れる場面だ。ボンドがそれほど力強い存在感を見せることはそれまでなかった。

　私にとっては、同作品内で、ボンドが座面を切りとられたイスに縛りつけられ、マッツ・ミケルセン演じるル・シッフルに先端を固く結んだロープを使った拷問を受けるシーンのほうがインパクトがあった。そのシーンを強烈で生々しく、真に迫ったシーンにするために私たちは準備をした。そのような状況ですら、スクリーン上のクレイグにはどこか印象的な、さらにいえば衝撃的といってもいいところがあった。これこそまさに、クレイグがワシントンD.C.での夕食のときに話していたことだ。

　クレイグと私は1週間ずっと厳しいトレーニングに励んで、ようやく打ち上げをした。そのため、本書に副題をつけるとしたら『血と汗とビールの結晶』になる。このおかげで、クレイグはスクリーンから飛び立ち、目的地に到達できたからだ。とはいえ、どうか怖気づかないでほしい。このあとのページで詳しく述べるが、**たとえあなたがソファに座ってばかりいるフィットネス初心者であっても、いますぐボンドのようにトレーニングすることができる**のだから。

　ボンドガールのトレーニングをしているとき、私はずっと意識的に、女性だからといって手を緩めなかった。ジェームズ・ボンドについていく以上、ボンドガールは急に走りだしたり武器をとったり飛行機から飛び降りたりするかもしれないので、トレーナーとしては、彼女たちがなめらかに、よどみなく、スムースに動けるようにしなくてはならない。スクリーン上では苦労のあとがまったく見えないようにしなくてはならない。これが、『スペクター』と『ノー・タイム・トゥ・ダイ』に出演するレア・セドゥと取り組んだときの方針だった。

　典型的なボンドガールなど存在しないが、**ボンドガールに共通しているのはその気品と健康美、つまり歩き方とふるまい方だ。** 私は、エヴァ・グリーン、ハル・ベリー、ロザムンド・パイク、ジェマ・アータートン、ベレニス・マーロウ、オルガ・キュリレンコといったボンドガールたちと仕事をした。本書では**私の経験を活かしたボンドガール式トレーニングを学ぶことも可能だ。**

見栄えではなくパフォーマンス

　あなたには自分だけの身体づくりの計画を組んでもらいたい。うまく機能するものを選りすぐり、目標とする身体づくりが達成できるよう、専用のトレーニングメニューをつくろう。

　本書で紹介するトレーニングには、いまの自分にぴったりのものもあれば、あまり気に入らないものや、自分の目的と合致しないものもあるだろう。それでまったく問題ない。楽しくトレーニングを続けられ、自分の目標に必要な種目が含まれているなら、そのやり方には正解も不正解もない。

　私が本書で紹介したい重要な教えの1つは、外見ではなくパフォーマンスのためにトレーニングするということだ。これは多くのクライアントとのあいだで決まり文句になっている。というのも、**トレーニングをきちんと行えば、見た目はついてくる**からだ。俳優がトレーニングをす

る主な目的は常に、気力とパフォーマンスを保ちつつ、病気やケガをしないで作品を完成させることだ。1日12時間にも及ぶ過酷な撮影は時に半年以上続き、危険なシーンやアクションシーンもある。筋肉だけでは目的を達成できない。

　ボンド役をうまく演じるためには、クレイグは敵を痛めつけることができると観客に思わせなければならなかった。以前、彼はこんなことを言っていた。シャツを脱いだときに、自分が演じている役に見えるようにしたい、と。そのためには、鍛えあげられたたくましい筋肉と脅威を感じさせる雰囲気が必要だった。キャラクターを掘り下げた感覚と肉体によって、ある場面を強烈にするのが私は大好きだ。私たちの目的は、肉体と、力強く効率的で有能なボンドのメンタリティを合致させることだった。

　しかし、ジェームズ・ボンド役の場合、見た目だけでは足りない。007の映画には、撮影を乗り切るための運動能力も欠かせない。『ノー・タイム・トゥ・ダイ』の橋から身を投げるような危険なシーンでは、速さと敏捷性が必要になる。この最終作でクレイグにかかる期待は、それまでのすべての007シリーズと同じように、はかり知れないほど高かった。連日の撮影で身体が疲れきるため、限られた時間のなかで、運動能力をすばやく切り替えなければならない。

　現代社会では、外見に夢中になるあまり、運動能力や、それを高めるのに必要な心がまえがおろそかになっている。しかし、**運動能力には日常生活に使える波及効果がたくさんあるので、身体づくりと健康は毎日を最大限活かすためにとても重要になる。**

自分の「感覚」を大切にする

　おそらくあなたは、なりたい見た目のことを考えて本書を手に取ったのだろう。だが、感覚について時間をかけて考えたことはあるだろう

か？　人はいつも「こんな外見になりたい」と口にするが、それよりも「こんなふうに感じたい」と言ったほうがいい。このことを自覚すると、自然と見た目もついてくる。健康的な身体づくりで大事なのは、特定の見た目や外見になることではない。**大切なのは主に感覚だ。** どんな目標があったとしても、あなたが映画スターのように感じられるよう私がサポートする。そして、**いい気分になれば、それが外見にも表れる。**

すべてのトレーニングの前に、自分自身と正直に会話をしなくてはならない。適切な質問ができるよう、私がお手伝いする。その答えによって、その日のトレーニングの強度や、トレーニングをせず、その日を回復にあてるかが決まる。

あまりに自分を追いこんでしまうと、ケガをしたり具合が悪くなったり疲れきってしまったりするリスクが生まれ、目標を達成できなくなってしまう。あまりやりすぎないほうが効果的なこともある。**筋肉と同じように、どのように脳を休ませ、活性化させ、調子を上げるかを紹介する。** そのため私は、自分を追いこみすぎないほうがいい理由に本書の1パートを割いた。これは、スター・ウォーズのためにアダム・ドライバーをトレーニングしていたときと関係が深い。私はアダムに、前に進むためにトレーニングするよりも回復にあてたほうがいい時期を伝えなければならなかった。**疲労は大敵で、燃え尽きてしまう可能性があるからだ。**

脳は身体にやめるよう指令を出しても、身体が脳に指示することはない。私の役目とは、俳優の身体の状態だけでなく、気分をよく観察することだ。トレーニングすると、心が豊かになり、集中力がつく。トレーニングの計画によって、気力と人生への熱意が高まるはずだ。

ほかのことと同じく、身体づくりのための計画を立て、目標を把握する必要があっても、はじめから目標を高く設定しすぎないことだ。**少しずつ達成し、前進している感覚をもてるよう、小さな目標を定めたほうがいい。** ゆっくり始めること。私のクライアントはいつもそうしている。

継続できる身体づくりの計画を立てたら、あなたは正しい考え方を身

につけなくてはならない。そのために、**子どものようにトレーニングすべし、という私の信念をお伝えする。**幼いころに感じていた純粋な喜びと幸福感にもう一度火をつけるのだ。自転車に乗ったり、ラグビーボールを投げたり、泳ぎに行ったり、友だちとちょっとしたトライアスロンをしたりといった具合に。**退屈や停滞をしないことが重要だ。**そのために、さまざまなトレーニングメニューを用意しておく。コンフォートゾーンから一歩踏み出して新しいことに挑戦したり、以前楽しかったことをまたやってみたりするのもいいだろう。

強さと健康を取り戻す

子どものようにトレーニングするいっぽうで、老人のように注意深く、念入りに、ゆっくりと回復したほうがいい。プログラムにおいて回復より大切なものはないので、リカバリーもトレーニングメニューと同じようにスケジュールを組まないといけない。毎週トレーニングを続けられるよう、身体の自然治癒力のプロセスを刺激して回復を速める方法をお伝えする。

そのあとのプログラムをどのように進めるかの目安になるのが、睡眠であることが多い。そこで、あなたが**「ぐっすり眠れる人」になるための、睡眠の質を改善するプログラムを提供する。**これには、私がアスリートの昼寝と呼んでいる1日20分のうたた寝の効能も含まれているので、うれしいだろう。

撮影現場にいる俳優にとってケガは避けられない。そのため、対処法を知ることが重要になる。挫折感にどう対応し、深く落ち込んでしまうのを防ぐのが課題になることが多い（ちょうど私が本書を執筆中、足首を折って手術を受けなければならなくなって気がついたように）。自分の身体づくりに対する信頼を失わないようにする方法を私の経験からお伝えする。フィットネスの努力には、失敗しても建設的な面がある。**前**

進したければ、失敗を進んで受け入れることだ。

　また、効果的なトレーニング法、ジムや複雑なマシーンに頼りきりにならない方法、理論や方法さえ知っていれば身体ひとつでどこでもトレーニングできる理由についてもアドバイスする。**驚くほど効果的な5-2メソッドも紹介する。**私はいつもこのメソッドをクライアントに使っていて、これが身体づくりの理想だと考えている。

　パート3では、私が俳優に伝えているのと同じように、栄養に関する情報や方法を教える。それには、1日6食の心理学、ウコン（ターメリック）やショウガやシバムギを毎日1杯食べることによる抗炎症作用および消化器系への効能などがある。私とクレイグがトレーニング後、パインウッド・スタジオにある私のジムから007の撮影現場まで歩きながら飲んでいた、効果的なシェイクのレシピも紹介する。

　身体づくりを始めるとき、栄養に対して極端な取り組みをしないこと。外見や感覚を大きく変えたいとき、そうした方法に目を奪われてしまうかもしれないが、それは大きなまちがいだ。**私はダイエットをするのが最大の失敗だと思っている。ダイエットは精神衛生によくないうえに、筋組織を破壊し代謝を阻害する可能性がある。**それよりも、食事制限するほうがずっと長続きする。1週間のなかで、月曜日は菜食、火曜日は魚菜食、金曜日は赤身肉食というふうにテーマを設けるといい。

　本書に名前が出てくる俳優たちは、私が試行錯誤をくり返してつくりあげた方法を体現しているが、これは彼らについての本ではない。**大事なのは、本書を読んであなたがどのようにして目標を達成できるかだ。**本書が道具であることを忘れないでほしい。各自が自分に機能するものを取捨選択する。やる気を出して取りかかり、自分だけの身体づくりの計画を立てるのだ。そうすれば、いままでにないほど調子がよくなり、活力と自信に満ちあふれ、よく眠れるようになる。

必要な器具

　自宅でトレーニングするつもりだったり、ジムを利用できなかったりする場合、以下に紹介する5つの器具の購入をお勧めする。どれもそれほど高くはないし、のちほど紹介するエクササイズのなかで重要な役割を果たすものもあるからだ。

BOSUのバランストレーナー——この半円形のバランスボールは、私がクライアントのために考えたトレーニングでたくさん使う。これを使うと不安定な姿勢になるので、身体を安定させないといけなくなる。どちらを上にしても使えて、バランス感覚と体幹を鍛えられる。

腹筋ローラー——腹筋を鍛えるのにとても役立つ器具（ダニエル・クレイグの『ノー・タイム・トゥ・ダイ』のトレーニングをするにはこれが必要になる）

ゴムチューブー式——とても使い勝手がよいので、自宅や公園で簡単に使える。必要な強度は筋肉の部位によって変わるため、少なくとも、軽、中、重の3つの強度のチューブを用意するといい。

ダンベル——これには2種類の用途がある。重要なトレーニングで負荷を上げるためと、地面に置いて、腕立て伏せのときに持ち手として使うためだ（腕立て伏せで筋力をつけるのに役立つ）。

ケトルベル——これは、つかみやすいように上部に取っ手のついた重りである。これを使うと、エクササイズのバリエーションが増え、負荷も上げられる。

PART 1
トレーニング

PART 2
リカバリー

PART 3
ニュートリション

1 大きく考え、小さな目標を定める

　ダニエル・クレイグも私もとても負けず嫌いだ。『ノー・タイム・トゥ・ダイ』の準備期間中、私たちはクレイグを地球上で最も身体ができあがった50歳にすることに決めた。これ以上ないほど野心的で大きな目標が決まったので、今度はそれをもっと小さな目標に分けることにした。1年以上かけて『ノー・タイム・トゥ・ダイ』の準備をするために、週ごとにふさわしい目標を設定することにしたのだ。クレイグのトレーニングを行った過去の007シリーズ4作品と同じく、この作品のときも私たちはゆっくりとスタートし、徐々に身体をつくっていった。

　誰でも、どんな状態でも、小さな目標を達成し、前進している感覚を味わうことほどモチベーションになるものはない。『ノー・タイム・トゥ・ダイ』への準備期間が終わるころ、私たちは大きな目標を達成していた。その当時、地球上にクレイグより身体ができあがった50歳がいるとは思えなかった。

　野心をもつことは大切だが、達成できそうな自分だけの目標を設定する方法を知る必要がある。そうすれば、確実に目標を成し遂げられるだろうし、場合によっては、それ以上のところまで到達できるかもしれない。大きく考えると同時に、継続可能な計画を立てることだ。そうすると、小さな一歩を積み重ねて、長期的な目標を達成できる。小さな目標

をクリアして得られる進歩と達成感はすばらしいモチベーションになる。そして、これまでにないほどすばらしい健康状態になれるかもしれない。

　このパートでは、小さな目標を定め、あなたの健康状態を復活させる方法について、映画業界に詳しい私がコツや秘訣を紹介する。

明確な目標を決める

『キャプテン・アメリカ／ザ・ファースト・アベンジャー』のためにクリス・エヴァンスのトレーニングをしているあいだ、私たちはある日時を目標にしていつも取り組んでいた。その日とは、ひ弱なスティーブ・ロジャースがキャプテン・アメリカに変身して、クリスが実験ポッドから出てくる「お披露目」シーンの撮影日だ。セットは製作中だったが、スケジュールは確定していたため、その日付は動かせなかった。私はカレンダーに丸をつけた。私たちの胸にその日が刻みこまれた。

　同じように、**はっきりした目標をもつことはきっとあなたの役に立つ。**それがほとんどの人にとってモチベーションになると、私は常々思っている。**自分が何を望んでいるのか、自らに問いかけるのだ。**自分の計画で何を達成しようとしている？　身体づくりの計画を立てる前に、まずは自分の目的を探り、踏み出そうとしている道のりについて頭のなかではっきりさせなければならない。

　海軍にいたころ、私は系統立てた計画を作成する重要性に気がついた。まず、目標となる日付を決める。カレンダーにしるしをつけるのだ。あなたは座ってばかりの生活を送り、まだトレーニングを始めたばかりかもしれないし、すでに上級者だが、さらなる高みを目指しているかもしれない。どちらにしても、具体的な目標と日時を定めることから始めたい。

生活のなかの動きと関連づける

　クレイグの計画の根幹は、007シリーズ5作品を通じて変わらなかったが、作品との関連性と年齢を考慮した微調整は行った。クレイグはいつも、ボンド役と肉体が進化していることを重視していたため、ボンド役で初めて出演した『カジノ・ロワイヤル』と5作目の『ノー・タイム・トゥ・ダイ』では、まったく違う運動能力を披露した。

『カジノ・ロワイヤル』では、ボンドは実に堂々としている。クレイグの肉体もそのあとの作品よりもたくましい。これは意識的にそうした。2作目の『慰めの報酬』では、筋肉量を1、2キロほど落として、スピードとキレと敏捷性を上げた。同作品で着たスーツは、『カジノ・ロワイヤル』のそれと比べると、少しだけ身体に沿ってほっそりとしていた。この方針は『スカイフォール』と『スペクター』でも踏襲された。クレイグが主演した007シリーズには、カメラが彼の肉体に焦点をあてる「美しいワンカット」がある。

　しかし、私がそれまで俳優のために立てたすべての計画と同じように、トレーニングで大切なのは主にパフォーマンスだ。各作品に向けたトレーニングは台本と合わせるようにした。それぞれ演出の違う戦闘シーンがあり、走ったり飛び越えたり落っこちたり反応したりといった目を引くシーンがある。すべてのシーンに合わせて調整し、準備をした。作品のためにクレイグの計画を立てるときは、あらゆる要素をその映画と関連づけなければならない。007シリーズは冒頭から激しい追跡シーンがあるため、クレイグは全速力で走って動かなければならない。『カジノ・ロワイヤル』と同じくらいたくましく堂々としていても、しなやかさと力強い動きを損なわないよう細心の注意を払う必要があった。

　クレイグは必ず爆発を受ける動きをしなくてはならなかった。だが、スクリーン上ではあらゆる動作——全速力で走る、障害物を飛び越える、壁を突き破る、地面から何かを拾う、ビルから飛び降りる、走っている車に飛びのるなど——から苦労のあとを消さなければならない。私たち

は危険なシーンのためにジムで調整を行った。ジムからスタント用のスタジオに場所を移して実践したあと、現場での撮影に臨んだ。

　どの作品の計画でも、トレーニングは役と結びつかなくてはならない。『プリンス・オブ・ペルシャ／時間の砂』のためにジェイク・ジレンホールのトレーニングをしていたとき、台本によると、サハラ砂漠を走ることになっていたため、ロンドンのハイドパークにある砂の敷かれたトラックでトレーニングをしなくてはならなかった。衣装部門からは、ジェイクが重たい衣装を着ることになると聞かされていた。そこで私は、ジェイクにウェイトベストを着せてトレーニングをすることにした。撮影現場の状況そっくりにすることが重要なのだ。そうすることで、俳優は可能なかぎり最高の準備ができ、最適な状態で撮影に臨める。

　あなたの生活や身体づくりの目標にも同じ考え方をあてはめられる。その計画が自分と生活にどのような関係があるか、どうすれば身体の状態をよくして不足を補うことができるかを考えるのだ。**どんなことをするにしても、必ず生活のなかに組み込むようにする。**
　たとえば、小さな子どもがいて、1日中抱いていないといけない場合、筋肉を過度に疲労させる計画は立てたくないだろう。その場合、すでに子どもを抱きかかえることでトレーニングを行っているので、ストレッチをして回復させることに重点を置くほうがいい。**計画は生活を窮屈なものにするのではなく、楽にするものであるべきだ。**

小さな目標の設定

　スクリーン上のボンドは自然に見えることが多いが、『ノー・タイム・トゥ・ダイ』の準備は撮影開始の1年以上前、私とクレイグがまず、役と監督の求める方向性について話し合ったときに始まっていた。脚本を細かく分け、クレイグと議論を交わすことで私は、冒頭の追跡シーンと

そのあとのスタントシーンの撮影に臨むためのトレーニングの計画を立てることができた。私が取り組んだほかの映画の仕事と同じく、スタントシーン、衣装、携帯する武器（剣や盾やライトセーバー）を想定して身体づくりの計画を立てるのはわくわくするものだ。

　クレイグの身体ができあがるまでどれくらい時間がかかるかを考えると（これを期分けという）、毎月、毎週、どこに到達していないといけないかがわかる。そこには私の好む、制作準備段階の厳しい短期集中トレーニングの計画も含まれていた。自分で計画を立てるうえでも、こうした小さな目標や段階的な目標があると、進歩しているかが確認できる。

　たとえば、目標を半年後に設定してスタートしたら、そこから逆算し、週ごとの目標に落としこめる。そうすると、今週は1回30分のトレーニングを4回行うことになるかもしれない。翌週には時間を増やすか、セット数や回数を増やすことになる。最初から飛ばしすぎず、毎日小さな目標をもち、少しずつ進歩しているのを感じるのだ。

自分のペースでやる

　クライアントと新しい計画を始める前、私は必ず身体を細かく検査させてもらう。彼らの身体をしっかり把握できるよう、すみずみまでチェックする。これがケガの予防につながる。あなたも身体づくりを始める前、医師や理学療法士に相談するといいだろう。計画を立てるのに役立つ情報をもらえたり、身体の一部を診てもらえたりする。できれば数カ月後にまた予約をとって、身体の反応を診てもらおう。

　急に激しく追いこんでしまうと長続きしない。はじめは無理せず、はりきりすぎないようにすることだ。ありのままに、自然になるようにする。クレイグと私は設定した目標に向かって少しずつ身体をつくっていくので、あなたも同じようにしたほうがいい。『ノー・タイム・トゥ・ダイ』の撮影初日が近づいてくると、必要に応じて強度を上げていった。この最後の段階のころには、私たちはかなり高いレベルでトレーニング

に励んでいた。**ゆっくり始めたからといって、目標に対する野心が足りないわけではない。**

　過去の作品と同じように『ノー・タイム・トゥ・ダイ』の準備も、始めて数週間から数カ月間は大変だった。だが、私たちには時間も適切な計画もあるので、目標を達成できるとわかっていた。私が綿密な計画を立てたからだ。**一番難しいのは始めることだが、始めてしまえば、苦もなくすぐに勢いがついて続けられるようになる。**自分のペースでやれれば、ケガをしたり燃え尽きたりする可能性は低くなる。段階を飛ばして進まないことだ。1つずつじっくり取り組み、少しずつ前に進む。大きな目標を達成するためにしっかりと時間をかければ、やがて目標にたどり着くだろう。

早い時間帯にトレーニングする

　有名な俳優のなかには午前2時半にトレーニングするのを好む人がいる。早朝のその時間が最適だと思っているからだ。ほかの人が眠っているあいだにがんばっていると思うと、気分が盛り上がる。

　サハラ砂漠で『プリンス・オブ・ペルシャ／時間の砂』の撮影中、ジェイク・ジレンホールは午前3時半からトレーニングを行った。そうしたのはタイトな撮影スケジュールのせいもあるが、砂漠の暑さが特に強烈なため、日の出前の午前5時にトレーニングしておきたかったからでもある。だが、こうした特殊な例外でなくても、映画業界では朝の5時にジムに行くのはめずらしくない。撮影現場に入る前にトレーニングの時間をとらなくてはならないからだ。

　私のクライアントのように熱心になれというつもりはないが、早朝に予定を組むのはお勧めだ。そうすれば、じゃまも入らず、トレーニングがその日最初の重要な予定になる。1日の最後のほうにトレーニングする計画を立てても、仕事や私生活で忙しいと、まずトレーニングをやめ

ることになる。だが、早朝に身体を動かす予定があったら、やめようか
と自問する隙もない。早起きして予定をこなせるよう、早く寝るのに私
は大賛成だ。

自然からもう一度元気をもらう

　軍隊にいたころ、航空母艦の下甲板に3週間以上も拘束される任務に
ついたことがあった。ようやく外に出て自然に触れたときの幸福感を覚
えている。自然のおかげで、あらゆる感覚が再び活気づいた。それ以来、
私は自然のありがたみを噛みしめている。

　トレーニングで大事なのは、筋肉をつけ、柔軟性を上げ、心肺機能を
高めることだけではない。**最も大切なのは、心の健康状態に気がつくこ
とだ。**長期にわたる室内での撮影期間中、俳優は自然光をまったく目に
しない日がある。早朝の暗いうちにスタジオに入り、1日中働き、暗く
なってから帰宅するからだ。

　トレーニングする場所に選択肢があるなら、まず自然のあるところを
選んだほうがいい。外にいるとあらゆる感覚が刺激され、日光によって
ビタミンDが生成され、新鮮な空気を吸えるなど、健康にいい影響がい
ろいろある。自然のなかには気分がリフレッシュされる要素も豊富なの
で、モチベーションも保てるだろう。ジムでだけトレーニングしている
と、さらに自分を高めてくれる自然の多様性を感じられない。

　屋外では、その環境を最大限活用するようにしたい。野外で走ったり
するときはたいてい音楽を聴いているだろうが、停止ボタンを押して、
どんな感じがするかを確かめてみるといい。ヘッドフォンを外すと、感
覚が鋭敏になり、周囲の自然な音も満喫できる。公園でのトレーニング
中に、鳥のさえずりや誰かのおしゃべりが聞こえてくるかもしれない。
こうした音を聞くと、いまこの場にいると実感でき、お気に入りの曲の
低音に浸るのと同じぐらいモチベーションが高まるだろう。

日常に組み込みやすい場所でトレーニングする

『蜘蛛の巣を払う女』に出演するクレア・フォイは、トレーニングを外でやりたがった。自然のなかにいると幸福感が得られるからだが、実際のところ、本当の理由はそのほうが都合がよかったからだろう――玄関から歩いて出てくれば、すぐにトレーニングを始められる。

　できるだけ単純明快な計画を立てることだ。車で45分かかるジムに行くような、継続するのが難しい、現実的ではないスケジュールを組まないように。そんなに遠いとすぐにうんざりしてしまい、さぼる言いわけを考え出すだろう。**何事も大事なのは便利なことだ。**家の中でトレーニングできる方法か近所のジムを探したほうがずっといい。トレーニングが身近なものだと、毎日のルーティンの一部になり、やがてそうするのが自然になる。車に乗ってどこかに運動しに行く場合、あまり頻繁にならないようにする。たとえば、お気に入りの先生のヨガ教室まで車で1時間くらいかかるなら、その機会は週末までとっておいたほうがいい。**ジムに通うつもりなら、できれば移動も日常に組み込むようにして、車や電車やバスに乗らず、自転車に乗ったり走ったりして行こう。**私はニューヨーク滞在中に時差ぼけがあると、かなり早起きして、走ってブルックリン橋をわたり、マンハッタンで朝5時のエクササイズのクラスに参加してから、走ってホテルに戻ってくるのが好きだ。

　大事なのは、自分にとってうまくいくもの、それから便利で効果的なものを見つけることだ。というのも、それを実践すると、すぐに生活がずっと楽になるからだ。フィットネスの予定を立てていると、毎日それで頭がいっぱいになってしまう。しかし、**日常の一部として組み込むことが重要だ。**予定について考える必要もなくなるほど、トレーニングが生活のなかに深く入り込むようにしたい。

　また、**トレーニングに何時間もかけなくてもいい。**『タイタンの逆襲』

に出るサム・ワーシントンのトレーニングをしているとき、私は彼に20分でいいと言った（彼が私に「腕だけでいい。見せるのは腕だけだから」と手短に説明したからだ）。2時間のトレーニングを予想していたサムにはうれしい驚きだったと思う。時間を短くして、強度を上げることで、計画はずっとやりやすくなる。

　ベニチオ・デル・トロは効率が服を着て歩いているような人で、たいてい20〜30分しかトレーニングしなかった。だが、「今日は短めにしよう」と私に告げる朝があった。それでも何もやらないよりかはやったほうがいい。

　私は作品を思わせるものをつくってジムに飾るのも好きだ。『ジュラシック・ワールド』だったら、恐竜のフィギュアをいくつか置いておき、『アラジン』なら、壁に魔法のランプの大きなステンシルシートを貼った。そんなものは必要なさそうに思えるだろうが、そうしたものがあると、俳優は自分がそこにいて、懸命に取り組んでいる理由を絶えず思い出す。

　あなたも同じようなことをしてみるといいだろう。出演する大作長編映画の準備ではないかもしれないが、印象に残る写真や前向きなメッセージなど、**モチベーションが高まるものをトレーニングする場所に飾る**ことはできる。自分の目標をいつも心にとどめておくのだ。目標を見失ってはいけない。

臨機応変に、辛抱強く

　すばらしい武術家、ドニー・イェンとスター・ウォーズの仕事をしているとき、私は彼の柔軟性と動きの迫力を損なわないように細心の注意を払った。それと同じく、スピードと反射神経の連動も欠かせない一部だった。すでに磨き抜かれ完成されたドニーのルーティンを補完することしか私はしなかった。大きな格闘シーンの前に俳優が疲弊してしまわないように、私は必ず気をつける。そのため、1週間先のスケジュール

を意識しなければならなかった。その結果、ドニーの計画には融通をきかせ、撮影するシーンに合うように調整した。

　同じように、あなたも週が変わったら、スケジュールを微調整したほうがいい。効率を考えると、ある程度の決まったかたちは必要だが、常に柔軟性も欠かせない。毎週同じ用事がないように、トレーニングの予定も同じではないはずだ。

　きっちりした予定を組みすぎて、急に少し変わったことがあると、それにどう対処したらいいかわからない人がたくさんいる。考え方が0か100なのだ。それよりも、**さまざまなルーティンを用意しておき、対応できたほうがいい。**そうすると、トレーニングを自分仕様にでき、無理のないレベルで続けられる。**前進し続けるためには、言いわけを捨て、用事や予定の変更に対処する方法を見出しておこう。**

　特に初めてのトレーニングの場合、しばらくは成果が見えないだろう。大事なのは、それに負けず、継続してやり遂げることだ。そして、あるポイントを越えると、「うわ、どうしてこうなれたんだ？」と言うようになる。クリス・エヴァンスが『キャプテン・アメリカ／ザ・ファースト・アベンジャー』のためにトレーニングしたときがそうだった。突如として、脂肪が燃焼され、筋肉があらわになり、柔軟性が増し、敏捷でたくましくなっていくだろう。

　トレーニング期間中でいちばん苦しいのは、新しい計画に着手してから約6週間だ。その時期にどうしても頭打ちになる。ここを初心に帰る機会として利用し、自分の成果を確認する。そうするとモチベーションが上がるので、私もよくクライアントとやっている。

　トレーニング初日までさかのぼってみるのだ。1日目のトレーニングをやってみると、きっと楽々できるだろう。自分の成長を実感し、小さな目標を成し遂げていくと大きな目標が達成できるとわかるので、モチベーションがかなり高まる。

身体づくりが目的でなくてもいい

　たくましくなったり見た目をよくしたりするために運動する人、ただ純粋に心の健康と幸福のために運動をする人。トレーニングする理由は人それぞれ。何かしらモチベーションがあるなら、おそらくそれが最適な理由になる。

　私はクライアントのために専用のトレーニング空間をつくるのが好きだ。光栄なことに、ロンドン郊外にあるロンググロス・スタジオで『アラジン』の撮影をしていたウィル・スミスのためにそうすることができた。ウィルは、トレーニング場は自分だけのものではなく出演者やスタッフなどみんなのためのものだと確信していた。健康になればなるほど生産性が上がるため、自分のまわりにいる誰もが健康な肉体、精神、外見になったほうがいい、というのが彼の信条だった。みんながトレーニングをしていい気分になれば、すばらしい映画になる。ウィルはそう考えていた。

　そこにはトレーニング環境に期待するものがすべてそろっていたので、誰もが感動した。ウィルは運動が大好きだった。その場所にはジムの施設だけでなく、バスケットボールのコート、30メートルの陸上競技用トラック、5人制のミニサッカー場、さらには、コンクリートブロックの真ん中にマットを敷いた柔術の試合場もあった。仕事を忘れられる場所だ。私は少しやりすぎたかもしれないと思うことがあった。というのも、プロデューサーがウィルをそこから現場に連れ出すのによく苦労していたからだ。

2 コンフォートゾーンから出る

　多くの映画スターはスタッフに囲まれて恵まれた生活を送っているが、身体づくりとなると、誰かにがんばってもらうことはできない。人を雇ってデッドリフトや懸垂をさせるわけにはいかないのだ。

　クレイグは『ノー・タイム・トゥ・ダイ』のために1年以上かけて身体をつくったが、最も強度が高く、過酷で、意欲に満ちていたのはいつも短期集中キャンプだった。さらにつらいのは、そのあいだはほとんど家族から離れていなければならなかった点だ。しかし、ボンド役に取り組むとき、クレイグは目標を達成するために、短期集中キャンプに参加し、コンフォートゾーンから抜け出ることをいとわなかった。自分だけのトレーニングの目標を成し遂げたかったら、あなたも同じようにしなくてはならない。だが、最後にはすばらしい結果が待っているとわかれば、そのための意欲が湧いてくるだろう。

最高のパフォーマンスを出す責任

　熱心に仕事に取り組む俳優には、ほかにもベニチオ・デル・トロがいる。さまざまな魅力をもつとても楽しい男だが、真剣な一面もあわせもっていた。『ガーディアンズ・オブ・ギャラクシー』と『スター・ウォーズ／最後のジェダイ』のためにロンドンでトレーニングしたとき、彼は

毎朝5時に強度の高い、短時間のトレーニングに進んで取り組んだ。紫と黄色のロサンゼルス・レイカーズのトレーニングウェアを好んで着ていた。早朝にしてはかなり派手で、私は思わず笑顔になった。トレーニングのあとは一緒にコーヒーを飲みに行った。

　身体をよい状態に保つために、短い時間で厳しいトレーニングに向かうベニチオからはいつも学ぶものがあった。ほかの俳優と同じく、彼も長く活躍したいと思っていて、トレーニングをすると、元気になって頭がさえるとわかっていた。彼と一緒にいて、強度のある短時間の厳しいトレーニングには信じられないほど効果があると学んだ。

　ドナルド・グローヴァーもまた仕事に対して断固とした倫理観をもつ俳優だ。『ハン・ソロ／スター・ウォーズ・ストーリー』の準備をしているとき、彼はこれ以上ないほど真剣に取り組んでいた。あれほどの才能に恵まれているのに、トレーニングに取り組むグローヴァーの姿勢は驚異的だった。撮影、執筆、そのほかの仕事の合間をぬって、短時間だが激しいトレーニングをスケジュールに組み込んでいた。

　その当時は気がつかなかったが、私は、グローヴァーがチャイルディッシュ・ガンビーノ名義で収録した『This Is America』のミュージックビデオの準備にも手を貸していた。そのころ彼は、筋肉がつきすぎていない感じの、自然で健康な見た目にしたいと語っていた。それが何のためのトレーニングだったかわかったのは、数カ月後、偶然テレビでそのミュージックビデオを目にしたときだった。

　フェリシティ・ジョーンズも『ローグ・ワン／スター・ウォーズ・ストーリー』のためのトレーニングでこだわりを見せた。彼女は、ジン・アーソ役で行う、複雑な戦闘アクションシーン満載の多くのスタントを自分でやりたいといって譲らなかった。この作品のために彼女には、かなり高いレベルの力強い柔軟性が必要だった。撮影のない日は、心身両面で役づくりを深めるためのさまざまなトレーニングに寸暇を惜しんで

取り組んでいるようだった。自分の演じる役をもっとうまく演じるための要素をいつまでも追い求めるのが、俳優のさがなのだ。

『ハン・ソロ／スター・ウォーズ・ストーリー』のためにタンディウェ・ニュートンのトレーニングをしているときにもそのことに気がついた。彼女はいつも空き時間を最大限利用していた。急に1時間空いたときでも、よくトレーニングをしていた。

　私の仕事は、俳優が求められているレベルのパフォーマンスを発揮できるようにすることだが、大きな成長を遂げたいのなら、仕事に対する高い倫理観を身につけなければならない。パフォーマンスに関しては、映画の魔法もトリックも存在しない。役に適した状態になりたければ、懸命に取り組むしかない。私の意見では、俳優が通りを全力疾走したり壁を乗り越えたりしなくてはならない場合、筋力をつけ、体調を整えてできるようになる必要がある。すべては私の指導と彼らの実践にかかっている。これはどんな人にとっても実によい教訓になる。つまり、**大事なのは自分のパフォーマンスに責任をもつこと**なのだ。残念ながら、すぐに解決する方法はない。自らかかげた目標に向かって取り組む姿勢をとらなければならない。

　意志をもってがんばれば、どんなことでも達成できる。私は世界に名だたるスターたちと身近で仕事をして、彼らとほかの人たちとの違いがわかった。彼らは貪欲なまでに野心にあふれ、努力をいとわず、結果を出すために前進していくのだ。

　安泰な状態から抜け出すことについて、俳優たちからたくさんのことを学べる。つらい単調なトレーニングに耐えなくてはならないときもある（とはいえ、本書でのちほど説明するように、いつもそうする必要はない）。また、何らかのリスクをとって、新しいことに挑戦しなくてはならない。多種多様なトレーニング種目を用意することには大きな利点があり、進歩するのに役立つだろう。

自分を退屈させない工夫をする

　いつもとメニューを変更して、今日はトレッドミルではなくローイングマシーンを使うと伝えると、俳優からはたいてい「それはやったことがありません」と返ってくる。それこそが私の狙いである。つまり、彼らに馴染みのない機会を与えたり、まったく新しいことをさせたりしたいのだ。私が求めているのは、彼らの身体を驚かせ、挑戦させることだ。

　人体を理解するうえで最も大切なのは、「身体は怠けたがる」ということだ。怠けるのは賢いからだ。身体は常にエネルギーを節約し、次に同じことをするときに前よりも効率的にできるよう、生理的なパターンと筋肉を動かす流れを生み出そうとする。身体は課せられた作業や目的を果たすために必要な筋肉だけを使い、最小限の労力とエネルギーで最大限の効果を発揮しようとする。

　初めてのことを身体にさせようとすると、中枢神経系に負荷がかかる。そのタスクを完遂するために、身体は筋肉群を総動員するしかないため、最初は疲れきってしまうことが多い。予想していないことをすると、脳は状況を理解するのに忙しいが、身体には鍛えるのに必要な適応、つまり変化が起こる。脳と身体が協力して働くと、一連の動作とパターンがすぐに解明されるので、次に同じことを実行するよう指令を出すと、身体はそれを認識して理解し、前よりも効率よく成し遂げる。そのため、それほど疲れない。これが基本的な適応になる。私が慣れ親しんだものをやめさせ、新しいメニューやスポーツをするよう促すのはこうした理由があるからだ。ロッククライミング、ヨガ、ボクシングなど、新しいことなら何でもいい。人は自分の好きなことに適した身体になっているかもしれないが、新しいものを取り入れると、すぐに身体が痛くなる。それまでその筋肉の存在に自分でも気がついていなかったからだ。

　『ジュラシック・ワールド』のためにローラ・ダーンのトレーニングをしたとき、彼女は新しい情報やトレーニングを喜んで受け入れた。制作

中、元気いっぱいでよい演技ができる健康状態を維持するために、ローラはいつもさまざまなことを求め、学ぼうとした。私は、彼女がいくつかのシーンの準備ができるよう、自然といろいろなメニューを用意した。

　まったく予想外のことをすると、心は刺激を受け、退屈しなくなる。ずっと同じことをやりたがる人もいるが、私のトレーニングでは、さまざまなことをしてもらいたい。そうすれば、大きな変化が起こせる。

『ノー・タイム・トゥ・ダイ』の撮影でクレイグがジャマイカにいるとき、私たち数人は、海を見下ろすイアン・フレミング［007シリーズの小説の作者］の古い別荘、ゴールデン・アイ・ホテルに滞在する機会があった。そこは地球上で最もすばらしい場所の1つだ。私はそこに滞在中、ウルスラ・アンドレスとショーン・コネリーが1962年公開の初代007シリーズ『ドクター・ノオ』の有名なシーンを撮影したビーチに行った。007シリーズの映画制作に参加できた幸運を感じずにはいられなかった。

　ジャマイカでの思い出には、撮影前に早起きして、クレイグとパドルボードをしたり泳ぎに行ったりしたこともある。トレーニングの計画において、これにはリフレッシュの効果があった。屋外でさまざまなメニューをこなしながら自然を一身に感じていると、ジャマイカの早朝には休暇のような雰囲気があふれていた。スタジオを出て、撮影中の道路にいると、誰もが一体感と仲間意識を感じ、何か特別なものの一部になったような気になれる。このロケを思い出すと、自分がこの仕事を好きな理由がよくわかる。

　バリエーションがあると、身体の状態が一面的にならずに済むので、いろいろ試してみるといい。まったく新しいことをしていなくても、同じトレーニングに変化を加えることはできる。新しい捉え方をするのだ。あるトレーニングのさまざまな要素を変える。たとえば、回数やスピードやテンポを変えるなど、細かい部分を試すことができる。バリエーションがあると、主要筋群のまわりにある補助筋群が刺激され、身体の

状態が向上する。

トレーニングへの取り組みを一新すると、退屈になるのを避けられる。
つまらないと感じずにいられたら、やる気をもち続け、トレーニングの
計画を継続できる可能性が高くなる。コンフォートゾーンから抜け出し
て初めてのことをやってみると、たとえそれがあるトレーニングの新し
いバリエーションでしかなくても、夢中になり挑戦し続けられる。

好きなことばかりしない

　楽しくないこともしなくてはならない。それは俳優も例外ではない。
クレイグは走るのが好きではないが、残念ながら、ジェームズ・ボンド
は走ってばかりいるので走らざるを得ない。007シリーズの冒頭では、
ボンドはいつも誰かを追いかけているか、誰かに追われている。階段を
駆け上ったり駆け下りたり、通りや屋根の上を疾走したり、窓を突き
破ったり、ドアを叩き壊したりする。クレイグはそれを何度も、何テイ
クもできなければならない。たとえ好きなことではなくても、走ること
はトレーニングの計画においていつも重要になる。

　自分の好きなものは取り組む必要はないだろう。好きな理由はすでに
得意だからだ。だが、新しいものや難しいと感じるものは取り組んだほ
うがいい。そのうちに、気がつくと、それまで楽しいと感じなかったも
のを喜んで始められるようになっているかもしれない。**好きなものと同
じように、好きではないものも計画に加えるようにする。**そのようにし
て、やる気をもち続けるのだ。

　自分に何ができるかを知ってきっと驚くことになる。**自分を低く見積
もってはいけない。**それが大きな教訓だ。

　誰もが、自分が思っているよりもはるかにすごいことができる。だが、
それに気づくためには、まずコンフォートゾーンから抜け出なければな
らない。そうしなければ、何ができるのかわからないからだ。

3　子どものように トレーニングする

　クレイグと私はたいてい、トレーニングの最初に30分ほどラグビーボールを投げ合った。2人ともラグビーが好きなのだ。野球のボールで遊ぶこともあったし、サッカーボールを蹴り合うこともあった。どれもとても楽しいし、自然なことに思えた。

　朝、自転車に乗って出かけたこともあれば、そこに泳ぎと走りも加えて、ちょっとしたトライアスロンにしたこともあった。私たちはトレーニングするとき、いつも意識的に楽しくしようとした。クレイグには再び子どものころの幸福感を味わい、若いころに感じていた喜びと自由を感じてほしかったのだ。13歳ぐらいまで、人は身体のもつ運動能力について意識しない。制約など何もない。何も考えず、木に登り、走ったり跳び回ったりする。映画の撮影では、意識せずに動き、反応しなくてはならないので、私は俳優たちに、記憶のなかに残るその状態に戻ってもらいたい。

もっと楽しみながらやっていい

　新しいトレーニングを始めて6週間後、メニューに楽しいことや挑戦することを組み入れるのがポイントだ。 その時期に大半の人がモチベーションを失い、やめてしまうからだ。これが、悪名高い6週間の法則で

ある。初めはやる気を爆発させて進歩するが、このころになると大きくは成長しなくなり、本当にやる意味があるのか疑問に感じ始めてしまう。

　おそらくそれは、回数、テンポ、メニューなど何かを変える時期なのだ。実際、身体は停滞しているわけではなく、移行し、適応している。統計で示されている6週間であきらめてしまう1人にならないようにするには、もっと楽しくして乗り切らなくてはならない。

　追いかけられているかのように自転車を漕いでみる。サッカーボールを蹴る。泳ぎに行く。クリケットをやる。ハイキングをする。できるときに全力で走る。これは速めのジョギングではなく、全力疾走のことだ。身体が動き、鼓動が速まり、血液が全身の血管を駆け巡るのを感じる。そうすると、おそらく久しぶりに、生きていることを心から実感するだろう。

　身体を鍛えることに関して、私は少しだけ子どもっぽくなるようにとクライアントに伝える。大人はやる気を出すのに内側から湧き上がる感覚を実感しづらい。幸福感を得たり元気を出したりするのに、カフェイン、アルコール、糖分など外部からの刺激を利用する。だが、子どものころは自然なエネルギーに満ちあふれ、心は健全そのものだった。

　子どものようにトレーニングするために大事なのは、ストレスがなく自由だったころの自分をもう一度呼び覚ますことだ。そうすると、屋外にいることも多くなるだろうから、そのおかげで深い体験になる。**懸命に励んでも楽しんでいるので、がんばっていることにあまり意識が向かない。そのため、トレーニングにつきものの精神的な疲労感も減るはずだ。**

　トレーニングをしたことがないのに、きちんと計画されたトレーニングを始める場合、継続するのが難しいかもしれない。心身両面で柔軟に対応できるようにしておくと、その日の気分に合わせたトレーニングに調整しやすい。というのも、子どものころは何もかも自発的に行い、飽きるまでやるからだ。子どものようにトレーニングすると、健康状態を促進するだけでなく、意識せずできるようになり、上達するうちに、

もっときちんとしたトレーニングに移行しやすくなる。

　すべてのトレーニングでがんばらなくてもいい。 フィットネスの目標を達成するつもりなら、自分に合わせてまとまったかたちがある程度は必要だろう。だが、どのトレーニングをやりたい気分で、どのくらいの強度でどのようにメニューをこなすかを判断しなくてはならない日もある。30分ほどサッカーボールを蹴ったほうが効率がいいかもしれない。徹底してトレーニングをやる気分ではないとき、初心に立ち返って子どものようにトレーニングするのもいい。時にはきっちりした計画を脇に置いておいたり、もう少し自由にしたりする柔軟性をもとう。

友人とトレーニングする

　007シリーズのためにクレイグとトレーニングしているとき、私は教官よりもトレーニング仲間になるほうがいいと考えた。クレイグが行うトレーニングは、1つ残らず私もやった（やろうとした！）。そうすることで、クレイグは1人きりで痛みを乗り越えるわけではなくなり、トレーニングに対してやる気が出て、楽しめるようになった。彼の隣で私も痛みを味わった。この苦しい道のりを共に歩んでいたのだ。ここには誰もが学べる教訓があると思う。それは、**エネルギーをもらえて刺激を受けられる誰かと一緒にトレーニングしたほうがいい**ということだ。

　友人とトレーニングをすると、社交の面でも利点がある。人は本来、誰かがそばにいると楽しいので、好きな人と過ごす時間には健康面でもモチベーションの面でもいい影響がある。また、トレーニングをどのように進めていくかを相談できる。それから、1週間に1回でも2回でも会う約束をしたら、友人をがっかりさせたくないと感じるので、トレーニングをさぼる可能性が減る。

　新しいプログラムを始めるとき、友人や家族のサポートがあったほうが助けになる。生活のなかに初めてトレーニングを取り入れてから数週間は、お互いに相手を必要とするだろう。だが、これは2つの方向に働

く。友人からトレーニングする影響を受けるかもしれないが、友人がトレーニングのじゃまになるかもしれない。

　トレーニング仲間がいると、競争心も生まれるかもしれない。隣で友人が一生懸命トレーニングに励んでいるのを見たら、自分も同じように、あるいはもっとやりたくなる。私は、エミリー・ブラントと夫のジョン・クラシンスキーの合同トレーニングを何度かやったことがある。2人はすぐにライバルのようになった。だが同時に、お互いをほめたたえ、やる気を促した。たしか、エミリーがジョンにこんなことを言った。「すごい、あなたがあんなことをできるなんて知らなかった」。すると、数分後にジョンがエミリーに言った。「どうやってそんなことをやっているんだ？　おれもやってみよう」

いつもと違うことをする

　トレッドミルの上を歩いたり走ったりするのは、大人になってから何度となくやっているので退屈になるだろう。だが、片足でバランスをとって、できるだけ長い時間立っていようとしたり、そのままつま先を触ろうとしたりするのはいつ以来だろう？　おそらく、子どものころに遊びでやったのが最後ではないだろうか？　これは身体の安定性を鍛えるのにいいし、久しぶりに何かをやってみて、いまでもできるのを確かめるとやる気が生まれる。

　私はいつも意識的にトレーニングを楽しく、退屈なものにしないようにしている。ほかにも、お手玉かテニスボールを使って反応を鍛えるゲームもする。友人に背中を向けて立ち、合図と共にくるりと回る。すると、相手がお手玉かボールを投げてくるので、それを捕るのだ。これは反射神経を鍛えるのにいいので、F1ドライバーやテニス選手などすばやい反応が必要なプロのアスリートもよくやっている。これは誰でもできるものだ。プロが実践している方法だからといって臆することのないように。

4　活性化と不活性化
アクティベーション　　ディアクティベーション

　ほかのトレーナーは「ウォームアップ」の話をするのが好きだが、私にはそれが筋繊維をあたためることなのか、中核体温［身体の深部の安定した体温］を上げることなのかはっきりしない。そのため、私は「アクティベーション」というほうが好きだ。私は、**心身共に目覚めさせ、活性化させることが大切だと考えている。**

　アクティベーションは3つから成る。日常的な活動よりも強度の高いことをするために頭を活性化させる。筋骨格系を働かせる準備をする。それと同時に、タスクをこなすために循環器系を活性化させる（心拍数を上げる）。

　私は、身体が取り組む姿勢を変えるよう調整する。つまり**日常モードから活動・運動モードに切り替えること**を考えたい。要するに、行動に移れるようにするわけだ。こうしたことが不可欠なのは、頭を活性化させて精神状態を切り替えないと、集中力があまり上がらず、ケガをするリスクが高まるからだ。

　頻繁にアクティベーションをすればするほど、心身共に効率よく活動モードになれる。しっかりトレーニングをする気分ではない日もあるだろうが、せっかくだからアクティベーションの一部でもやってみようと自分に言い聞かせることはできる。そしてアクティベーションをすると、毎回のようにエネルギーが湧いてきて、トレーニングを続け、メニュー

をやり遂げられるようになる。

　私はいつも、ボクサー、サッカー選手、ラグビー選手など、男女を問わずほかのスポーツ選手がどのように心身を活性化させているのかを調べ、研究している。俳優たちがアクティベーションを最大限活用できるよう、私はいつも新しい方法を取り入れ、自分のやり方を発展させている。

負荷をかけすぎない

　トレーニング計画のアクティベーションのパートは、トレーニングとしてではなく必ず活性化として捉え、筋肉に負荷をかけすぎないようにする。スイッチを切り替えるためには、人はさまざまなことをやりたがる。アクティベーションの時間を長くとりたい人もいれば、短いほうがいい人もいる。いずれにしても、**メインとなるトレーニングメニューに取りかかる前に、使う筋肉が疲れきってしまわないようにすること。**アクティベーションの際に負荷をかけすぎてしまう人もいるが、それではトレーニングの効果を最大限発揮できない。必要なのは、**自尊心を満たすトレーニングではなく、頭を使ったトレーニングだ。**

　アクションシーンがある日は、通常、アクティベーションに30分かけて、俳優が高い強度で身体を動かせるようにもっていく。だが、強度の高いトレーニングをするなら、適切なモードにするために15〜20分の低レベルのアクティベーションを行うのを勧める。短時間や軽めのトレーニングをする場合、5〜10分程度の手早く効率的なアクティベーションでもかまわない。

スイッチを切り替える

　標準モードから運動モードになる脳内のスイッチを切り替える方法を知らなければならない。映画業界では、俳優にはスタントやアクション

シーンの撮影前にアクティベーションが欠かせない。要求に応じられる心と身体の準備ができているかを確かめるためだ。

　スタントの前で大事なのは頭のウォームアップだ。ゼロの状態からいきなりスタントシーンには入れない。陸上選手がいきなり競技場に入って競技をしないのと同じだ。頭と身体を連動させる必要がある。頭が身体と同じくらい鋭敏で、適切な状態になっていないといけない。そうしないと、反応が鈍くなり、スクリーン上で存在感がなくなってしまう。誰もが音楽の力を愛し、それを実感している。再生ボタンを押し、お気に入りの音楽が流れ出すと、ドーパミンが出て、高揚感に包まれる。音楽には脳を刺激し、集中力を高め、心拍数を上げる可能性があり、何かを始めるサインになる。

　俳優、アスリートなど身体づくりに力を注ぐ人は、頭をすっきりさせておくのがいい。レーシングドライバーは車に乗りこむ前にコースを隅々まで思い描くが、それと同じ手法を使って、トレーニングの初めから終わりまでを想像するのだ。自分の状態がきちんと整っていれば、混乱することもないし、トレーニングの内容も強度も明確になる。感情を呼び覚まし、必要に応じて感情のスイッチをオン・オフできるのが理想である。抑制された攻撃性を効果的に爆発させ、俊敏かつ力強く動き、呼吸と動作をコントロールして落ちつける。

　頭を活性化させることはストレッチの種類とも関係する。ダイナミズムとは動きが大きいことなので、これによって退屈な要素が減る。そのため、動的（ダイナミック）ストレッチをすると、頭が刺激を受け、モードを切り替えるサインを送ることができる。自重を使うので、心拍数も若干上がる。静的ストレッチはやや退屈なので、あまり役に立たない気がする。筋肉は静止しているよりも動いているほうがいい。筋肉には刺激を与え、血流をよくしないといけない。静的ストレッチをしても、筋肉は自然な状態にはならない。筋肉は動くためにある。

　私の意見では、トレーニングを始めるとき、動的ストレッチは呼吸を

適切な状態にするのに効果的だ。力を入れるときに息を吐くようにする。そうすると、力をコントロールしやすくなるだけでなく、深く呼吸できるようになり、肺の奥まで酸素がいきわたる。

　ここで、私がクライアントと何度もやってきた、お気に入りのストレッチを10種類紹介しよう。

ベアクロールから鳩の姿勢

　これは臀筋［お尻の筋肉］と梨状筋［股関節を支える筋肉］に効く。肩幅の広さに足を広げて立ち、手は脇に下ろす。上体を腰から少しずつ曲げていき、身体の前で床に手をつける。それから、身体が床と水平になり、プランクの姿勢になるまで手を使って這っていく。片足を少し前にもっていき、90度の角度で膝を床につけ、少しずつ前腕に近づける。伸びが緩んできたら、指を伸ばしてさらに前方に這っていく。両腕が床につき、脚が45度の角度で身体の下に、膝が胸骨の下にくるようにする。

　そうしたら、ストレッチしたまま左右に軽く揺する。両手を肩幅の広さについて身体を起こし、足を最初の位置まで戻す。それから、少しずつ這って戻る。一度に数センチずつ、とてもゆっくりと立った姿勢まで戻る。両手を腰にあて、腰を軽く回す。深呼吸をしたら、反対の足でも同じことをする。

内転筋を伸ばすナロースクワット

　これは内転筋［内ももの筋肉］に効く。手を腰にあて、肩幅の広さに足を広げて立つ。スクワットを始めて、片足を外側に出す。その際、つま先を上に向ける。脚の内側にある内転筋を伸ばしてからスタートポジションに戻る。反対側も同じように行う。

股関節屈筋を伸ばすリバースランジ

　これは股関節屈筋に効く。肩幅の広さに足を広げて立ち、片足をうしろに下げて、膝を床に落とす。手を合わせて頭上に上げ、軽く上体を反らす。そうすると、股関節屈筋が伸びる。前後に揺すると、さらにダイナミックになる。反対側も同じように行う。

ハムストリングスを活性化させるマウンテンクライマー

　これは臀筋とハムストリングスに効く。ベンチを使っても床でもいいので、腕立て伏せの姿勢をとる。片膝を上げて、肘に近づける。そうしたら、ドンキーキックのように脚をすばやく後方に上げる。膝を90度に曲げたまま、足裏をまっすぐ上に向ける。反対側も同じように行う。

ランバーツイストを組み入れた腹筋

　これは腹筋、腰部、臀筋に効く。膝を曲げて、足の裏を床につけ、あおむけになり、両手をこめかみにあてる。上体を起こし、ふつうに腹筋をする。上体が起ききったら、両脚を床に伸ばし、くるぶしが膝の外側にくるように、片脚を反対の脚に重ねる。肘を膝の外側にあて、腰のあたりが少し伸びるのを感じるまでひねる。最初のポジションに戻り、反対側も同じようにする。

膝立ちから立ちあがる足のストレッチ、さらにチャイルドポーズへ

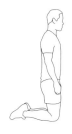

　これは、足、つま先、大腿四頭筋［太もも前面の筋肉］、臀筋、背中に効く。床に膝立ちになり、立ちあがる。もう一度膝をつき、脚を曲げて正座をし、深く座る。足が伸びるので、そのまま約30秒キープする。足の甲を床につけ、額を床に近づけながら、両腕を前方に伸ばし、ヨガのチャイルドポーズをとる。そのまま約20秒キープする。

大腿四頭筋のストレッチからのリバースランジと膝上げ

　これは大腿四頭筋と臀筋に効き、バランス感覚を鍛えるのにもいい。立った姿勢で片脚を後方に曲げ、くるぶしをつかんで大腿四頭筋のストレッチをする。30秒キープしたあと手を離し、その脚を後方に下げて、膝が床につくまでリバースランジをする。最初のポジションに戻り、身体の前に膝を上げて、両手で膝をつかみ、身体のほうにしっかり引きつける。終わったら反対の脚でも行う。

サイド・スパイダークロール

これは大腿四頭筋、臀筋、腹筋に効く。しゃがんで、両手を前につく。その姿勢のまま這うようにして横に動き、元の位置まで戻る。

足を交互に出して立ちあがる動作

これはふくらはぎに効く。両手を床につけ、お尻を上に向けたパイクポジションをとる。両足を、左、右、左、右、と交互に前に出すと、片足が必ず宙に浮いた状態になる。足が両手のあいだにくるまで進んだら、ゆっくりと立ちあがる。

プランクからパイクポジション、そこからコブラの姿勢

最後のこれは腹筋に効く。肘と前腕を床につけ、プランクポジションから始める。その姿勢から腰を上げる。腰を床から数センチのところまで下ろす。胸を前方に出してコブラのポジションをとり、軽く上を見る。

ディアクティベーション

　これはアクティベーションとは正反対で、活動モードから元に戻し、身体を自然な状態に戻す。心拍数を下げ、リラックスと呼吸全般の手法を用いて、身体全体を元の状態にするのだ。また、トレーニング後の行動について考え、そのための準備をする時間でもある。ほとんどの場合、水分と栄養の補給も行う。補給に一番いい時間帯は、トレーニング後、20〜30分以内だ。軽く瞑想をして、自分自身と対話するのもいい。

　ストレッチはマインドフルネスに最適だ。これはトレーニングしたあと、適切な精神状態に戻るのに役立つはずだ。身体を休ませることができ、心拍数が下がると、元の状態に戻せる。ストレッチはトレーニング終了のしるしになる。身体にサインを送り、身体を使った活動を終えて別のことをすると自分に言い聞かせる。ストレッチするといい気分になる。いい気分になるものがあるなら、やったほうがいい。

　あぐらをかいて、肘を膝に乗せ、瞑想するような姿勢をとる呼吸法がある。呼吸に意識を向けると、心拍数が下がるのを感じる。肺の下部3分の1に酸素が満ちるのを意識する。運動中、大半の人は呼吸がとても浅くなり、肺を満たすほど深い呼吸をしていない。しかし、ディアクティベーションをしながら、酸素を含んだ血液をできるだけたくさん体内にいきわたらせる。つまり、肺の隅々まで酸素を満たすのだ。10〜15回呼吸をすると、座禅のような瞑想状態になるだろう。

　何もかも復活してきたら、もう一度10秒間全力で走ってみる。その日の残りを元気に過ごせそうだと感じるだろう。

5 サイモン流 「5-2 メソッド」

　本書で紹介する5-2メソッドは、私が仕事をした俳優の大半に使っている。私はこれを身体づくりの基本と考えている。最小限の時間で最大限の結果を出せ、どこでも使える。いったん、この手法に馴染んだら、ジムでも、自宅でも、屋外でも、どんなところでもできるのだ。

　なぜ、5-2メソッドというのか疑問に思うかもしれない。それはとてもシンプルな理由で、**5種類のトレーニングのあいだに2分間の有酸素運動が組み合わされたもの**だからだ。

　私はトレーニングの計画を立てるとき、ジムのホワイトボードを使うことが多いが、紙に書いたりスマートフォンに打ちこんだりするのもいい。左欄に5種類のトレーニングメニューを書き、右欄には有酸素運動を書く。5つのトレーニングをA、B、C、D、Eとしよう。まずトレーニングAをして、そのあと2分間有酸素運動をする。それから、最初のトレーニングに次のトレーニングを加え（トレーニングAとBをする）、2分間の有酸素運動をする。そうしたら、トレーニングA、B、Cをして、2分間の有酸素運動をし、その後、トレーニングA、B、C、Dと2分間の有酸素運動をする。最後に、トレーニングA、B、C、D、Eをしてから、もう一度2分間の有酸素運動をする。

　有酸素運動には、ランニング、インターバル走、ボクシング（ミット打ち）、プライオメトリクスという瞬発力を使う動き（飛んだり跳ねた

りダッシュしたりなど）がお勧めだ。バトルロープ（長くて重たいロープ）などの器具を使えると、バラエティーが豊富になる。心拍数が上がり強度があるのなら、どんなことをやってもかまわない。

　私の経験では、**この5-2メソッドは、休憩できるのがトレーニング間と有酸素運動に移るときしかないので、強度の高い効果的なトレーニングをするのにすばらしい方法**になる。

トレーニングA	
	有酸素運動
トレーニングA トレーニングB	
	有酸素運動
トレーニングA トレーニングB トレーニングC	
	有酸素運動
トレーニングA トレーニングB トレーニングC トレーニングD	
	有酸素運動
トレーニングA トレーニングB トレーニングC トレーニングD トレーニングE	
	有酸素運動

　5-2メソッドでトレーニングをすると、どんなエクササイズであれ、強度が高いものになる。

　ジムでときどき次のような人を見かける。トレッドミルで30分ほど高い強度でトレーニングをしたあと、次のメニューまでのあいだにたくさん休憩をとってしまう。意図的に強度の低いトレーニングをしているのなら、それで問題ないが、私は、効率と強度を重要視している。**この5-2メソッドを実践すると、時間とエネルギーに関する能力が上がる。一定の有酸素運動と並行して筋力も少し鍛えているので、コストパフォーマンスがかなりいいのだ。**

　身体には2種類の筋繊維がある。速筋と遅筋だ。この方法では、速筋繊維（全速力で走るなど瞬発力に役立つ）だけでなく、遅筋繊維（マラソンなどの持久力に役立つ）も鍛えられる。両方の筋肉を鍛えることで、偏りのない身体になる。短距離走だけでなく長距離走にも向いているので、日常生活にもいい影響がある。この5-2メソッドをするときは、チューブを使ったり自重にしたりと、好きなようにさまざまな負荷をかけられる。応用可能なメソッドであることを覚えておいてほしい。

柔軟にトレーニングを調整する

　その日の気分、短期目標、長期目標に応じてトレーニングを調整することをためらってはいけない。トレーニングAのほうがDやEより多くやるので、順番を変えることで違いが生まれる。もっと心拍数が上がるトレーニングをしたければ、トレーニングAをプライオメトリクスにすればいい。疲れていたら、プライオメトリクスは最後のトレーニングEにする。そのうちに、どのトレーニングが自分に適しているか、どんな日でも一番効果的な順番はどれかがわかるようになる。

　5-2メソッドは自分に合わせて簡単に調整できる。だからこそ、私のクライアントは満足しているのだろう。気分や目標に合わせて、何かを付け加えたりなくしたりするのもとてもやりやすい。もう少し筋肉をつ

けたかったら、身体を動かしながら筋肉を伸ばすダイナミックエクササイズをなくして、多くの種類の筋肉を刺激することのできる多関節運動^{コンパウンド}のエクササイズをすればいい。

　自分の目標を達成するために、自由に数字をいじってもかまわない。筋力に主眼を置くとしたら、数字を増やして、8-2トレーニングにしてもいい。あるいは、持久力にかかわる目標（たとえば、マラソンのためにトレーニングする）があるなら、有酸素運動を3分に増やし、5-3トレーニングにしてもいい。

多関節運動のエクササイズ

　複数の筋肉群を使えるので、私はいつもトレーニングの一部としてコンパウンド種目を利用している。主動筋群とそのまわりにある安定筋群を使うことで、脂肪の少ない筋組織ができやすくなると同時に（脂肪の少ない筋繊維をつくるのは希少な植物を育てるようなものだ。肥料を撒き、水をやり、成長させなくてはならない！）効果的な強度も得られる。こうしたトレーニングをすると、心拍数が上がり、代謝がいくらか促進され、カロリーが消費される。

　コンパウンド種目をすると、時間と身体と頭をより効率的に使えるようになる。自分の進歩が目に見えてわかるのでモチベーションが高まり、さまざまな方法で身体を鍛えるので進歩しやすい。スクワット、懸垂、ベンチプレスがわかりやすい例だ。自重を使ったものは、たいていコンパウンド種目になる。

　1つの筋群だけを鍛える単関節種目^{アイソレーション}よりも、コンパウンド種目のほうが役に立つ。コンパウンド種目では、トレーニングにほかの種目を加えていかなくてもいい。種目を増やすと時間がかかるし、すでに使った筋肉が部分的に疲労するので、だんだん続けるのが難しくなっていく。コンパウンド種目の効率的な取り組みのおかげで、継続しやすくなる。

6 自分だけの身体づくりの計画を立てる

　本書では、映画スターのために作成し、実践したトレーニングを紹介していく。私の頭には、各俳優のために行ったトレーニングのメニューを収めておく書庫がある。私が仕事をした作品の話をしてもらえれば、それが10年以上前に公開されたものであっても、動作、演技、美しさについて、どのようにその人物をトレーニングしたかを思い出せる。あなたがそうしたトレーニングから刺激を受け、運動能力の高い映画スターのように動き、感じ、見るための1歩を今日から踏みだしてくれたらうれしい。

　本書から学べる最も重要なことの1つは、あなたが自分に合ったトレーニングを作成できる点だ。紹介するトレーニングの1つから刺激を受け、それがよさそうだと感じると同時に、気がつくと、1つといわずいくつかのトレーニングを、その日の気分に合わせて行っているだろう。月曜日はブレイク・ライヴリー、水曜日はレア・セドゥ、金曜日はブライス・ダラス・ハワードからインスピレーションを受けてもいい。あるいは、同じ週に、ダニエル・クレイグ、クリス・エヴァンス、ジョン・ボイエガから刺激を受けてトレーニングしてもかまわない。

　ただ、こうした俳優たちとまったく同じトレーニングをしようと思わないでほしい。**トレーニングからインスピレーションを受けても、自分**

の好きなように変え、工夫をしてかまわない。トレーニングの要素をいくつか組み合わせてもいい。私が紹介するのは道具一式でしかない。いつでも自分だけの身体づくりの計画を立てることだ。そうすれば、自分の目標を達成できる。

　5-2メソッドを使ったので、ほとんどのトレーニングが5種目になっているのがわかるだろう。この方法には柔軟性があるので、自分に一番合ったものを見つけるために、数字をあれこれいじってみるといい。

　現在の身体の状態に関係なく、さまざまなトレーニングから役に立つ指針をたくさん見つけてほしい。初心者でも上級者でも、自分の能力に合わせてトレーニングを変更してかまわない。

　本書で紹介するトレーニングは、ある映画のためにクライアントと実践したものの代表例だ。

　当然のことだが、私は頻繁に変更したり、決まったメニューに新たな要素をつけ加えたりした。あなたもそうしていい。また、トレーニングを始める前や、特に身体を使うシーンの前に俳優たちが行ったアクティベーション（一般的にはウォームアップという）も紹介する。アクティベーションをすると、頭と身体が目覚め、これから行うトレーニングの準備が整う。

『ノー・タイム・トゥ・ダイ』 ダニエル・クレイグの トレーニング

　私とクレイグはお互いをトレーナーとクライアントではなく、いつも トレーニング・パートナーだと思っていた。私がトレーニングの計画を 立て、2人で一緒に行った。もちろん、あなたは1人でトレーニングし てもいいが、誰かとする機会があるなら、そうしたほうがいい。

　誰かと一緒にトレーニングするとき、相手がトレーニングしているの をぼーっと立って見ていてはいけない。**常に自分でも何か行い、時間を 活用するのだ。**トレーニング中に休憩するなどありえない。

　このトレーニングを始める前に、時間をかけて計画し、準備をしてほ しい。トレーニング中に時間を無駄にせず、強度を下げないようにする ために、使う器具をすべて並べておき、すぐに使えるようにしておくと いいだろう。

　身体づくりを始めたばかりでも、ジェームズ・ボンドのようにトレーニングすることは可能だ。このトレーニングは、『ノー・タイム・トゥ・ダイ』に向けてダニエル・クレイグがコンディションを整えるための代表的なものだ。私はこの上半身のトレーニング（胸筋、背筋、腹筋、上腕筋、腹斜筋を使う懸垂の動きを優先させた）を考案し、クレイグが撮影シーンに備えられるようにした。強度が高いため、撮影所で昼夜を問わず長時間続く、過酷な撮影スケジュールをくぐり抜けられる身体をつくりあげるのに役立った。

　メインの撮影が始まるころには、50歳のクレイグの身体はこれまでにないほど仕上がっていた。そのコンディションを保つために、私たちは撮影中もこのトレーニングを続けた。

　今度はあなたの番だ。この一連のトレーニングは最大限の結果を引き出し、筋力と持久力を飛躍的に向上させる。これは、上半身の重要な筋群に狙いを定めた動的トレーニングで、身体づくりに必要なすべての要素を備えている。本書で紹介するほかのトレーニングは5-2メソッドにならっているが、このトレーニングは少し異なり、スーパーセット［ひと組の筋肉の運動を行ったあと、それに対立する別のひと組の筋肉の運動をするトレーニング］を採用している。

　平均的なフィットネスレベルの人なら、この『ノー・タイム・トゥ・ダイ』のトレーニングをじゅうぶんこなせるだろう。重さや回数やセット数を変えるなど、調整してかまわない。私が考え出したほかのトレーニングの計画と同じように、その日、その時間の都合や気分に合わせて微調整してほしい。

　クレイグと私はこの上半身のトレーニングを1週間に2回行った。これは全体の計画の一環だった。有酸素運動と動きを重視したメニューと、脚だけと有酸素運動のメニューも、同じく週に2回行った。あなたも自分の計画にほかの活動を組み込むといい。ヨガ、水泳、自転車、球技な

ど、心拍数が上がって楽しければなんでもかまわない。クレイグはできるだけ屋外でやるのを好んだ。そうすると、いい気分転換になるし、健康にもいい。

アクティベーションと有酸素運動

クレイグと私はラグビーボールを投げ合ったり、キャッチボールをしたりしてトレーニングを始めた。そうしたのは、楽しかったからと、会話を通じてその日の彼の気分や期待を推し量ることができたからだ。私は彼に、よく眠れたか、軽い痛みや気になっていることはないか、トレーニング中にやりたくないことはないかをたずねた。その答えによって何をするかを決めた。クレイグの気分に応じて、ある要素をつけ加えたり取りのぞいたりしたのだ。アクティベーションのために10分間自転車を漕ぐこともあった。すべてはトレーニングのための準備である。

ダニエル・クレイグの上半身のトレーニング

　5種類のスーパーセットはそれぞれエクササイズAとBで構成されている。友人とトレーニングをする場合、2人とも同じスーパーセットのうちのどちらか1つを行い、終わったらすぐに取り替えよう。クレイグと私はどのトレーニングも通常、15〜25回行ったが、始めたばかりの人は自分の能力に合わせて調整してほしい。また、私たちは各スーパーセットのあいだにストレッチと水分補給をするようにした。

スーパーセット1

A：引き上げる動作のケーブルフライ

　さまざまな筋群を使うので、どんな胸筋のトレーニングを始めるときにもお勧めだ。腹筋と背筋など、安定筋群を多く使い、腕もよく動かす。このトレーニングにはケーブルマシーンが必要だが、ほとんどのジムに置いてあるだろう。

- ケーブルマシーンの真ん中に背中を向けて立つ。両手で1本ずつケーブルをつかみ、腕を外側に伸ばして、スプリットスクワットの姿勢（片脚をもう片脚の前に出す）になるよう2歩前に出る
- 肘を軽く曲げて、ケーブルを額の前まで引っぱり上げる
- 2秒ほど胸筋に力を入れてから、スタートポジションに戻す

B：腹筋を鍛えるロールアウト

　これも私のお気に入りだ。というのも、腹筋、腹斜筋、背筋など、体幹のほぼあらゆる要素を、等尺性収縮（筋肉に一定の負荷がかかっている状態）でも短縮性収縮（姿勢を保ち、力を込め、力を抜く動作）でも使えるからだ。このトレーニングでは、アブローラーか両端にプレートを付けたバーベルを床に置いて使う。

- 膝立ちになり、ローラーを身体の前に置いて両手で握る。安定させるために足首を交差する
- 身体を前に出し、体幹を使う姿勢をとり、2秒キープしてからスタートポジションに戻る
- 筋力が向上すると、身体を遠くまで伸ばせ、長い時間キープできるようになる。そのうちに、床とほぼ水平になるくらい身体を倒せるようになる
- さまざまな角度、体勢にすると、バリエーションが豊富になる

スーパーセット2

A：BOSUのバランストレーナーを使った、マウンテンクライマーと腕立て伏せ

　これは身体のさまざまな要素を使えるので、私のトレーニングのメインの1つだ。腕立て伏せで筋力がつき、安定性を保つため体幹が鍛えられ、膝を前に出すのでダイナミックな動作もある。これらすべてによって、完璧なダイナミックエクササイズになり、身体の安定感が養える。

- バランストレーナーの両端をつかんで、腕立て伏せの姿勢をとる。足は肩幅の広さにする。体幹と臀筋を使い、身体を床と水平にする
- 胸のほうまで膝を交互に出して、スタートポジションに戻る
- 肘を曲げてバランストレーナーに胸がつくまで3秒数えながら身体を下げ、3秒かけてスタートポジションに戻る

B：懸垂

　自重を使ったトレーニングはマスターするのが最も難しく、トレーナーが指導するのも一番大変だろう。しかし、こうしたトレーニングは上半身の筋肉がついたかどうかをはかる一番いい目安になる。

- 順手で懸垂バーを握る。両手の間隔は肩幅より少し広めにとる
- 足首を交差させ、踵が床と垂直の角度になるよう踵を上げる。こうすることで、身体がグラつくのを防ぎ、正しい筋肉を使える
- 顎がバーの少し上にくるまで身体を持ち上げる。スタートポジションに戻る

　このトレーニングが難しい場合、懸垂バーの下にベンチかイスを置いてもいい。そうすると、跳び上がってからゆっくりと身体を下ろしていくトレーニングができる。

ダニエル・クレイグ

スーパーセット3

A：ロシアンツイスト

　回転とひねりを加えたトレーニングは、組み合わせとしてすばらしい。ロシアンツイストをすると、左右にかなり動くことになる。負荷を上げ、回転を大きくすると、腹筋の下部に効く。一度にたくさんの部位に効果がある。

- メディシンボール［身体を鍛えるために使用される、重量のある丸いボトル］、ケトルベル、ダンベル、プレートなど負荷のかかる器具を持って、マットの上に座る。膝は45度に曲げて前に出し、足首は交差させる
- 足を床から15センチほど浮かせる。身体を左にひねり、器具が床につくまで下げてからスタートポジションに戻る
- 身体を右にひねり、器具が床につくまで下げる

B：腹斜筋に効くサイドベンド

　腹筋の横についている腹斜筋は見すごされやすい筋群だが、ほかの部位と同じように鍛えたほうがいい。きちんと筋肉をつけると、脂肪が落ちたときに美しい見た目になる。

- ケトルベル、プレート、ダンベルなど負荷のかかる器具を選ぶ。足を肩幅に開き、腕を伸ばして片手で器具をつかむ。もう片方の手は後頭部に置く
- 器具を持ったまま、体幹、腹筋、腹斜筋に効いているのがわかるくらい、器具が膝の下までくるよう身体を横に傾ける
- スタートポジションに戻る。身体ができてきたら、負荷を上げる。負荷のかかる器具のかわりにチューブなどを使うとバリエーションが増える

スーパーセット4

A：TRXを使ったロウアンドカール

　TRXは持ち運びできて、さまざまなトレーニングができる優れもの の器具だ。基本的にはドアや天井にひっかけて使うストラップで、両端 に手足をかけるループがついている。私はTRXを基本姿勢で使うよう にして、バックロウを1回やったあと、すぐに自重を使ったバイセップ カールに移る。これにより、2つの筋群に強度と負荷がしっかり加わる。

- TRXの前に立ち、腕を伸ばして、親指が上を向くように握る。傾度と 自重による負荷がちょうどいい場所まで上体をうしろに傾ける
- 肘を引く、ローイングの動作を行う。肩甲骨を寄せるように、肘が身 体の脇にくるまで腕を引いてから、スタートポジションに戻る
- バイセップカールで上腕二頭筋を鍛えるため、手の平が顔に向くよう 手を回し、両腕を額まで上げる
- 元の体勢に戻り、手も回して元に戻す
- 筋力が向上すると、床に対してほぼ水平になるまで身体を傾けられる ようになる

B：自重を使ったディップス

　懸垂のように、このトレーニングも筋力をはかるいい目安になる。自重を使ったディップスを何回もできるのは最高の気分だ。

- 肘を身体のうしろで固定し、ディップバーに跳びのる。足首は交差させ、膝を90度に曲げ、胸を張る
- 前傾姿勢になって、肘の角度が90度になるまで身体を下ろす
- スタートポジションに戻る
- 足のあいだにダンベルやプレートを挟むと、負荷を上げられる

ダニエル・クレイグ

スーパーセット5

Ａ：ぶら下がった状態でのレッグレイズとハンギングワイパー

　これまでに紹介した体幹トレーニングに変化をつけ、補完するものとしてこれは最適だ。ハンギングワイパーは、腹筋、腹斜筋、肋間筋［肋骨のあいだにある筋肉］といった体幹のアイソメトリックトレーニングになり、そうした筋群のすみずみまで効く。

- 順手で懸垂バーにぶら下がる。腕を伸ばして固定し、少しずつ足を床から上げる
- 膝を胸の高さまで上げ、スタートポジションに戻す
- 足は床に軽く触れるだけにして、トレーニングの強度を上げていく
- ハンギングワイパーでは、膝を胸の高さに上げたまま、左に45度回し、スタートポジションに戻す。今度は膝を右に45度回転させ、スタートポジションに戻す。自分の筋力に合わせて調整することができ、足のあいだにダンベルを挟んだり、脚をまっすぐ伸ばしたりすると負荷が上がる

B：バランストレーナーを使ったリバースケーブルフライ

　バランストレーナーは、ケーブルトレーニングで負荷をかけながら、身体の安定性を向上させるのに役立つ。これをすると、かなり姿勢がよくなる。複雑な演出のスタントシーンの撮影に臨む俳優のためによく行うトレーニングだ。

- 平らな面を上に向けてバランストレーナーの上に立ち、ケーブルマシーンのほうを向く
- ケーブルを真ん中の位置に設定し、右手を身体の前で交差させ、左側のケーブルをつかむ。左手は右側のケーブルをつかむ。腕が交差した状態になる
- 膝をやわらかくしておき、視線は前方の壁に焦点を合わせる
- 身体を安定させたまま、両腕をうしろに引き、力を入れ、肩甲骨を寄せる。十字架にはりつけにされたような態勢のまま4秒数えて、スタートポジションに戻る

ダニエル・クレイグのトレーニング

スーパーセット1

トレーニングA：引き上げる動作のケーブルフライ　左右各25回

トレーニングB：腹筋を鍛えるロールアウト　25回

ストレッチ／水分補給

スーパーセット2

トレーニングA：BOSUのバランストレーナーを使った、マウンテンクライマーと腕立て伏せ　25回

トレーニングB：懸垂　25回

ストレッチ／水分補給

スーパーセット3

トレーニングA：ロシアンツイスト　25回

トレーニングB：腹斜筋に効くサイドベンド　左右各25回

ストレッチ／水分補給

スーパーセット4

トレーニングA：TRXを使ったロウアンドカール　25回

トレーニングB：自重を使ったディップス　25回

ストレッチ／水分補給

スーパーセット5

トレーニングA：ぶら下がった状態でのレッグレイズとハンギングワイパー　25回

トレーニングB：バランストレーナーを使ったリバースケーブルフライ　25回

ストレッチ／水分補給

『ノー・タイム・トゥ・ダイ』 レア・セドゥの トレーニング

　　レア・セドゥのトレーニングは本書を読む多くの女性を引きつけるだろう。このシンプルなトレーニングをすると、筋力と持久力がつき、姿勢がよくなる。これこそまさにレア・セドゥが『ノー・タイム・トゥ・ダイ』のために必要とした、万能なトレーニングだ。

　　セドゥは長時間のトレーニングを好まず、短時間で強度の高いトレーニングを望んだ。時間に余裕がなくても、**このトレーニングは短時間で効率よくできる**ので、レア・セドゥのように取り組めば、きっとすぐに結果が出るだろう。

　これまで20年以上のあいだ、『ワールド・イズ・ノット・イナフ』の
デニス・リチャーズから『ダイ・アナザー・デイ』のハル・ベリーとロ
ザムンド・パイクまで、私は何人ものボンドガールと仕事をしてきた。
ボンドガールは役づくりのためにときどき特別なことをしなければなら
なかった。

　ミランダ・フロスト役のパイクは剣を使いこなす必要があったので、
私はそのために適切な筋肉群を鍛えた。だが、こうした007作品のため
に女優をトレーニングしていると、いつも真っ先に頭に浮かぶことがあ
る。それは、**トレーニングをやりすぎないようにすることだ。**大事なの
は、姿勢、エレガンス、動作だ。それが、『ノー・タイム・トゥ・ダイ』
で医師、マドレーヌ・スワン役を演じるセドゥの準備をするときの方針
だった。セドゥとの仕事は『スペクター』以来、2度目だった。

　セドゥの演じる役はそれほど運動能力があるようには見えない。とは
いえ、長く厳しい撮影を通じて、走るシーンやスタントがたくさんあっ
たので、セドゥがその役を演じられるような身体にしなければならな
かった。だが、私はあまり筋肉をつけさせたくなかった。彼女が健康か
つ元気でいられることを最優先にした。

　ほかのすべてのボンドガールと同様、セドゥもスクリーンの上で自信
に満ちあふれて見えなければならなかった。

　この作品のために1年以上かけてクレイグをトレーニングするいっぽ
うで、セドゥにはそれほど時間をかけなかった。彼女の役はクレイグほ
ど運動能力が高くないからだ。最終的に達成したセドゥの目標は、**敏捷
で、有能で、エネルギーにあふれた状態になること**だった。

　さあ、あなたもボンドガールになるためのトレーニングをしよう！

アクティベーションと有酸素運動

　セドゥの頭と身体を目覚めさせるために、ボクシングのミット打ち、
スプリント、ボックスジャンプ、スパイダーステップから始めてもらう

ことにした。ミット打ちやバランストレーナーを使った腕立て伏せに戻る前に、セドゥはウォーキングランジも何回か行った。

　こうしたアクティベーションは、**筋力トレーニング、有酸素運動、ストレッチまでカバーしているので、あらゆる筋群を活性化させ、身体を隅々まで動かすことができる。**アクションシーンの前、セドゥにはよくミット打ちをしてもらった。そうすることで、攻撃性を呼び覚まし、反射神経を強化したのだ。また、飛び跳ねることで心肺機能と身体の連動性を高めることもあった。

　トレッドミルでのスプリント、バーピー［立った状態からスクワットスラストを1回やって立ちあがる運動］、スキーエルゴ［立ったまますするローイングマシーンのようなもの］、自転車など、セドゥにはできるだけいろいろな種類の有酸素運動をしてもらった。そのおかげで、身体のさまざまな部位と脳が刺激され、退屈せずに済んだようだ。

　アクション映画に出るどんな俳優にとっても、バーピーは瞬発力を鍛えるいいトレーニングになる。アクション映画では、床に倒れることが多いので、すぐに反応して起き上がらないといけない。起き上がるのにもたついていると、運動神経も運動能力もいいようには見えない。すぐに飛び起きて、走りだせるのが理想だ。こうした映画には走るシーンがとても多いので、スプリントもたくさん行う。

レア・セドゥの 5-2 トレーニング

バランストレーナーを使ったスクワット

　BOSUのバランストレーナーを使わなくても、ふつうのスクワットだけですばらしいトレーニングになる。だが、この平らな面に乗って行うと、そこに不安定な要素が加わるため、さまざまな筋群を使ってバランスをとることになる。

■ 肩幅より少し広めに足を開いて、平らな面を上に向けたバランストレーナーの上に立つ。つま先は軽く外側に向ける

■ 太ももが床と平行になるまでしゃがみ、4秒数える

■ かかとを使って勢いよく立ちあがり、スタートポジションに戻る

バランストレーナーを使ったスプリンターランジ

このランジでは、スプリントで使う筋力を鍛える。また、片脚ずつ交互にトレーニングすることで、身体がアンバランスにならずに済む。

- 平らな面を上に向けて、バランストレーナーの真ん中に片足を乗せる。もう片方の足は、両足が平行になるようにしてうしろに下げる。両手の指をバランストレーナーの端に、足と平行になるように置き、クラウチングスタートのような姿勢をとる
- うしろの脚を前に出して立ちあがり、膝を床と平行になるまで上げて、片足で立つ
- スタートポジションに戻る。そのとき、足は真うしろにあり、指はバランストレーナーに触れている状態に戻す
- 足を入れかえて、同じことを行う

バランストレーナーを使ったステップオーバー

　このステップオーバーは臀筋と大腿四頭筋を鍛え、スピードと敏捷性を養う。最初の2つは前後の方向に動くトレーニングだったが、今度は左右に動く。というのも、身体は前後左右、さまざまな方向に動く必要があるからだ。

■ バランストレーナーのやわらかい面を上にして置く。その横に立ち、片足を真ん中に乗せる

■ バランストレーナーの反対側に跳び越えて、置いていた足を入れかえる

■ 反対側に足が着地したと同時に、軽くスクワットをする

■ もう一度最初にいた方向に跳ぶ

■ 手は身体の前で握り、胸を張り、この動作をリズミカルに行う

バランストレーナーを使った時計の動き

　セドゥはすばやく動けなくてはならなかった。このトレーニングは動きのキレを増すためのものだ。また、空間認識能力や複数の筋群を使う能力を高めるのにも最適だ。

- 平らな面を上にしたバランストレーナーに右足を乗せて、左足は15センチほど浮かせておく。左足先を前に向けた状態で始める
- バランストレーナーを時計の文字盤に見立て、浮かせた左足を、12時から3時、6時、9時と、時計まわりに動かす。踵を「時計の針」に見立て12時と9時を指し、つま先で3時と6時を指す。3時のときは右足のうしろを通す
- 足を入れかえて同じことをする

バランストレーナーを使ったキャッチ

　このトレーニングは、身体の連動性、スピード、敏捷性を高めるのに最適だ。

- 平らな面を上にしたバランストレーナーの上に片足で立つ。初めての人は両足を肩幅に広げて立つ
- 臀筋と腹筋を使い、膝はやわらかくするか、軽く曲げておく。両手を前に出し、顔を上げる
- トレーニング・パートナーがテニスボール、ピラティスボール、重さのあるお手玉などを上下左右いろいろなところに投げる
- それをキャッチして投げ返す。元の体勢に戻り、次のキャッチに備える

レア・セドゥのトレーニング

バランストレーナーを使ったスクワット　25回

有酸素運動

バランストレーナーを使ったスクワット　20回
バランストレーナーを使ったスプリンターランジ　左右各20回

有酸素運動

バランストレーナーを使ったスクワット　15回
バランストレーナーを使ったスプリンターランジ　各15回
バランストレーナーを使ったステップオーバー　15回

有酸素運動

バランストレーナーを使ったスクワット　10回
バランストレーナーを使ったスプリンターランジ　左右各10回
バランストレーナーを使ったステップオーバー　10回
バランストレーナーを使った時計の動き　左右各10回

有酸素運動

バランストレーナーを使ったスクワット　8回
バランストレーナーを使ったスプリンターランジ　左右各8回
バランストレーナーを使ったステップオーバー　8回
バランストレーナーを使った時計の動き　左右各8回
バランストレーナーを使ったキャッチ　8回

有酸素運動

『キャプテン・アメリカ／ザ・ファースト・アベンジャー』クリス・エヴァンスのトレーニング

クリスについて一番印象に残っているのは、**肉体の変化ではなく、彼のメンタリティ**だ。一生懸命取り組めば、どんなことができるかをクリスが示してくれた。

バランスのとれた身体が理想だということがクリスにはわかっていた。私のところに来たとき、彼の身体は学生時代のトレーニングのせいで多少バランスが悪かった。これはよくあることだ。何年ものあいだ、胸筋、上腕二頭筋、腹筋を中心に鍛えてしまったのだ。**装飾品のような筋肉を鍛えてもかまわないが、同時に、背筋など自分では見えない筋肉を鍛えるのも忘れてはならない。**

　コミックのなかでしか存在していないマーベルのスーパーヒーローに変身させることは、映画業界に参入するのと同じくらい難しい挑戦だ。

　筋肉のイラストを描くのは簡単だ。たくましい筋肉を際立たせるのも、ほっそりとしたウエストに描くのも朝飯前。それがマーベル・シネマティック・ユニバースだ。想像力しだいで何でもできる。だが、現実世界はまるで違う。実際に筋肉組織をつくりあげ、形にしないといけない。『キャプテン・アメリカ／ザ・ファースト・アベンジャー』の仕事で、私は運よくマーベルの生みの親の1人、スタン・リーと話す機会があり、彼のイメージを教えてもらえた。監督のジョー・ジョンストンも、クリスがキャプテン・アメリカとしてどのように動き、どんな外見になってほしいと思っているかについて、ビジュアルイメージを共有してくれた。

　ジョーが見せてくれたのは絵コンテだけではなかった。あるミーティングで、彼は実際のモデルまで連れてきた。そのおかげで、彼がどのような身体をイメージしているか、クリスをどのような外見にするべきかがわかった。6つに割れた腹筋や腹斜筋や胸筋……私がクリスの身体をイメージどおり仕上げてくれるか確認したかったのだろう。

　コミックを見ればわかると思うが、キャプテン・アメリカはたくましい腕、広い胸、シックスパックをもつ筋骨隆々のキャラクターだ。クリスはその姿に近づく必要があった。背中にもたくさんの注文があった。ジョーがクリスに求めていたのは、盾が背中の一部になっているかのごとく、いつも盾を背負っているように見えることだ。

　私はクリスとの仕事に着手してから6、7カ月、1日2回のトレーニングでできるかぎりのことをした。とんでもなく大変だったが、クリスをくじけずに続けさせることが私の任務だった。彼は同時に別の作品の撮影もしていた。しんどくてたまらないときには、へこたれないで辛抱強くがんばろうと励まし続けた。

　トレーニングのおかげで、1年後、クリスは求められていた厚みと雰囲気のある筋肉を手に入れた。見た目の観点からも、私は筋肉に厚みが

あるほうがいいと思う。カメラには筋肉の動きとラインがいつも映る。そのときに、水分を多く含んで肥大して見えるよりも、厚みのある筋肉のほうが自然に動いて引き締まっているのがわかる。

　ポッドから出てくるシーンは特に魅力的だった。そこでクリスは、ひ弱なスティーブ・ロジャースではなくキャプテン・アメリカとして姿を現す。キャプテン・アメリカを演じるためには、スピードと敏捷性も必要だった。とても力強く、反応がものすごく速く、驚くほどの反射神経もなくてはならない。それらを実践できる身体につくりあげる必要があった。この作品では見た目の美しさも重要だったが、私たちはいつもパフォーマンスに立ち返った。

　あのポッドのシーンを撮影した日を私は忘れられない。クリスにとって大きな日だったが、私にとっても重要だった。私はスタン・リーの隣に立ち、2人でクリスのことをじっと見ていた。すると、スタンが私に言った。「あれはまさにキャプテン・アメリカだ」

アクティベーションと有酸素運動

　クリスはトレッドミルに跳びのり、傾斜をつけて10〜15分歩くか、エアロバイクに乗ることが多かった。のちほど説明するトレーニングを少ない回数行うこともあった。

　私は多忙を極める人からかなりの時間を奪っていることを絶えず意識した。そのため、俳優がトレーニング中にほかのこともできるようにした。45〜60分の有酸素運動をしてもらう場合、クリスがジムのエアロバイクにノートパソコンを開いて乗り、運動をしながら台本を読めるようにすることもあった。とはいえ、もっと強度の高い有酸素運動をしてもらう場合は、ほかのことは同時にできない。

クリス・エヴァンスの 5-2 トレーニング

デッドリフト

　クリスが一番きついと感じていたのがこのトレーニングだが、彼が変身するために最も重要でもあった。負荷を上げたデッドリフトは中枢神経系をかなり刺激する。つまり、たくさんの筋肉を使うので、身体が適応するのも筋肉がつくのも早くなる。デッドリフトはとても進歩が見えやすいトレーニングだ。負荷をどんどん上げられるだろう。

- 足を肩幅に開き、バーベルの前に立つ。つま先は前に向ける。視線はまっすぐにする
- しゃがんで片手は順手にし、もう片方の手は逆手にしてバーベルを握る
- 背中と首をニュートラルポジション［身体の可動域における中間の位置］にし、身体を曲げてバーベルをつかみ、立った姿勢に戻る。バーベルが太ももの真ん中あたりに軽く触れている状態にして、ほんの少しだけ上体をうしろに反る
- 脛の真ん中か床までバーベルを下ろす。自分の筋力と可動域に合わせること

ベンチプレス

　デッドリフトで引く動作をしたので、使う筋群を変え、今度はベンチプレスで押す動作をしよう。このトレーニングをすると、胸と肩の筋肉などの大きな筋群や、上腕三頭筋といった安定筋群に効く。角度、テンポ、握る位置、回数など自分でいろいろ変化をつけやすい。まちがったフォームや無理な回数で行うとケガにつながり意味がないので、自分の筋力に合っていない重さにはしないこと。

- 補助してもらうためにトレーニング・パートナーが必要になる（もしくは、ジムにいる誰かに頼む）。そうせずに、スミスマシーン［バーベルがレールに固定されているウェイトトレーニング器具］を使ってもいい。これを使えば、バーベルをレールに引っかけたり外したりできるので、1人でも安全にトレーニングできる
- 平らなベンチにあおむけになる。両足はベンチの上に乗せるか、ベンチの両脇の床につける
- 腕を肩幅より少し広めにして順手でバーベルを持ち上げる。トレーニングの最初は補助してもらったほうがいい。特にウェイトを重くしているときはそうすること
- ゆっくりと胸に向かってバーベルを下ろす
- 元の位置［腕がまっすぐになった状態］まですばやく上げる

懸垂

　懸垂は筋肉量を増やし筋力をつけるのに最適だ。自分の重さを感じ、自然な筋力を使って自分の身体を引っぱり上げる。

- 順手で懸垂バーを握る。両手の間隔は肩幅より少し広めにとる
- 足首を交差させ、踵を床と垂直の角度になるように踵を上げる。こうすることで、身体がグラつくのを防ぎ、正しい筋肉を使える
- 顎がバーの少し上にくるまで身体を持ち上げる。スタートポジションに戻る
- このトレーニングが難しい場合、懸垂バーと足の下にチューブをつけると、チューブが補助してくれるので、自重をすべて持ち上げなくてもよくなる
- あるいは、懸垂バーの下にベンチかイスを置いてもいい。そうすると、跳び上がってからゆっくりと身体を下ろしていくトレーニングができる

自重を使ったディップス

　懸垂のように、このトレーニングも筋力をはかるいい目安になる。自重を使ったディップスを何回もできるのは最高の気分だ。

■ 肘を身体のうしろで固定し、ディップバーに跳びのる。足首は交差させ、膝を90度に曲げ、胸を張る
■ 前傾姿勢になって、肘の角度が90度になるまで身体を下ろす
■ スタートポジションに戻る
■ 足のあいだにダンベルやプレートを挟むと、負荷を上げられる

スクワット

　脚の筋肉量を増やすのは大変だ。ジムで苦痛をくぐり抜けなければならないし、そのあと数日間、脚の筋肉痛に襲われるだろう。脚のトレーニングをすると、まちがいなく上半身も変わる。大きな化学反応が起こり、身体全体の筋組織がつくられるからだ。

- スクワットラックかケージに入り、バーベルの前に立つ。バーベルの高さは首のあたりにする
- 足を肩幅に開き、順手でバーベルを慎重に持ち上げ、正面に視線を向けたまま2歩下がる
- つま先は軽く外側に向ける。お尻を突きだしながら、太ももが床と平行になるまでしゃがむ
- 下げきったところで一瞬止まり、スタートポジションに戻る

クリス・エヴァンスのトレーニング

デッドリフト　25回

有酸素運動

デッドリフト　20回
ベンチプレス　20回

有酸素運動

デッドリフト　15回
ベンチプレス　15回
懸垂　15回

有酸素運動

デッドリフト　10回
ベンチプレス　10回
懸垂　10回
自重を使ったディップス　10回

有酸素運動

デッドリフト　8回
ベンチプレス　8回
懸垂　8回
自重を使ったディップス　8回
スクワット　8回

有酸素運動

『スター・ウォーズ』ジョン・ボイエガのトレーニング

　トレーニングを始めた当初、ほかの人と同じく、ジョン・ボイエガも当然身体の連動性がなかった。だが、彼はあわてることなく、なんでも喜んで挑戦してくれた。

　初心者だったり、新しい計画を始めたばかりだったりすると、ジムで人目が少し気になってしまうかもしれない。筋力がなかったり身体が連動して動かなかったりしても、焦ってはいけない。**身体ができてくるにつれて、自信もついてくる。**

　私はボイエガに、トレーニングでは次に何をするのかと先走るのではなく、その瞬間に集中するよう伝えた。いまこの瞬間に完璧に集中していないと、きちんと正しいフォームをとれない。正しいフォームをとることで、ケガをせず、成果を上げることができる。

　スター・ウォーズの撮影には前例のない難しさがある。複雑な演出の戦闘シーンがたくさんあり、俳優は、動くのもひと苦労のかさばる衣装を着て演じることが多いからだ。

　ジョン・ボイエガは〈ストームトルーパー〉の訓練を受けたかのように動かなければならなかった。このことが、彼が出演するスター・ウォーズ3作品のうちの2つ、『最後のジェダイ』と『スカイウォーカーの夜明け』の役づくりにおいて重要だった。私は、ボイエガがフィンを演じるのに必要なスピード、敏捷性、持久力を養い、戦闘シーンを苦もなく演じているように見せるための計画を立てた。

　私のところに来たとき、ボイエガは完成された身体ではなかった。だが、話にならなかったわけではない。これまで正しいトレーニングをしてこなかったように思えた。若い俳優の多くは重いバーベルを持ち上げ、たくましくなることにとらわれていて、自分の役を演じるのにどんな身体が必要かを考えていないのだ。

　私は、それまで彼が行ってきたコンディション調整法を利用しつつ、5-2メソッドに収まるようにまとめた。**筋肉を大きくすることではなく、脂肪を減らしつつ筋肉を維持することに焦点をあてたのだ。**すると、身体の反応が変わり、動作の質も上がった。これこそ、ボイエガと私が役づくりに必要だと思っていたことだ。

　私はボイエガを始めとする俳優たちによくこう伝える。「このトレーニングに使える時間はいましかない。ドアの鍵をかけよう。さあ、ここがきみの空間だ。誰もじゃましに入ってこない」

　もし私がジムのドアを開けたままトレーニングをしたら、十中八九、誰かが入ってきてじゃまをするだろう。トレーニングの最中、誰かが入ってきて、簡単な質問をするかもしれない（それが簡単なことはない）。

　俳優がこの瞬間に集中し、強度の高いトレーニングを続けるには、私はしっかり集中する必要があるので、こうしたじゃまが入るといらいらさせられる。あなたもトレーニングの中断は極力なくしたほうがいい。

ゾーンに入って集中するのだ。

アクティベーションと有酸素運動

　私はよくボイエガのために、ジムで敏捷性を活性化させるサーキットメニューをつくった。筋肉をさまざまな方向に動かして、動く準備をするアクティベーションがその代表例だ。

　私が好きだったトレーニングは、コーンのあいだをスラロームしたり、ラダーを使って足をすばやく動かして走ったり、プライオメトリクスのジャンプだったりする。

　そのあとで、ディセラレーション［ダッシュしたあと途中で減速して止まる動作］を組み入れたスプリントやうしろ向きに走る。それから、ときどきスレッド［重りを載せて押したり引いたりするそりのような器具］やチューブを使ったりして、押す動作のトレーニングをした。

　こうしたメニューのあいだに、何かしらダイナミックストレッチを行った。アクティベーションとウォームアップには通常約15分かけた。有酸素運動には、ボイエガはミット打ちが好きだったが、私はラダーを使うのを勧めた。映画では足を速く動かす必要があり、ラダーが役立つと思ったからだ。

　ランニングにおけるケガの50〜60％は速度を落としたときに起こる。加速については独学しても、減速については学ばないからだ。最後にうしろ向きに走ったのはいつだった？と自問しよう。ブレーキをかけるトレーニングをし、うしろを向いて走ってみてほしい。

ジョン・ボイエガの 5-2 トレーニング

引き上げる動作のケーブルチェストプレス

　ボイエガとはケーブルを使った種目をたくさん行った。彼がダンベルよりもケーブルを好み、それでも同じように効果的だったからだ。ケーブルを使うと、間接的にたくさんの安定筋群が働き、主動筋群と補助筋群に効くので、私も満足した。このトレーニングでは、主動筋群である胸筋は肩の筋肉によって安定し、腕の筋肉も同時に使う。

- ケーブルマシーンに背中を向けて、低い位置に設定したケーブルを順手で握る
- 3歩前に出て、腕をうしろに引いておく
- 片足を前に出す。背中をニュートラルな状態にして、胸を少し張り、手の平を自分のほうに向ける。ケーブルが額の高さにくるまで引っぱり上げる
- 筋肉に力を入れ、3秒数えてからスタートポジションに戻る。反対側も同じように行う

ジョン・ボイエガ

引き下げる動作のケーブルチェストプレス

　ケーブルの高さを低くしたり高くしたりすると、筋繊維をさまざまなかたちで順番に刺激できる。こうしたバリエーションがあると、全体の筋群を使いながら、筋繊維に刺激を与える順番に狙いを定めてトレーニングできる。

- ケーブルの位置を頭の高さに再設定し、順手でケーブルを握る
- 前に出て、ケーブルマシーンから少しだけ離れ、胸を張る。今回は、身体の前［腰のあたり］で手の平がぶつかるまでケーブルを引っぱる
- 力を入れて、3秒数えてからスタートポジションに戻す。反対側も同じように行う

引き上げる動作のケーブルウッドチョップ

　これもさまざまな筋群を使い、大きく動くトレーニングだ。臀筋、腹斜筋などあらゆる主要な体幹、腕に効く。こうした筋群を使うと同時に、心拍数も上がるので、かなりの有酸素運動にもなる。

- ケーブルの位置を低く設定し、ケーブルマシーンに横を向いて立つ。ケーブルは順手で握る。腕は身体を横切るようにかまえる
- プーリー[滑車]から2歩離れる
- プーリーに近いほうの脚を曲げてしゃがみ、反対の脚はまっすぐ伸ばす
- 臀筋、大腿四頭筋、体幹に力を込めて、まっすぐ伸ばした腕を45度の角度で身体を横切るように一気に引きながら立ち上がる
- このトレーニングでは、常に視線を手元から離さない
- 反対側も同じように行う

ジョン・ボイエガ

アームカール各種

　このトレーニングは上腕二頭筋と前腕を鍛えるのに最適だ。最後の部分では、肩にある小さな筋肉、小円筋［姿勢をよくしたり、肩が前傾しないようにしたりする筋肉］も鍛えられる。

- このトレーニングは膝立ちでも、立った姿勢でも、ベンチに座ってもできる
- 最初のトレーニングはダブルバイセップカールだ。ダンベルは外側に向けて脚から15センチほど離す。ゆっくりとダンベルを肩の高さまで上げる
- その状態から肘を数センチ上げてさらに負荷をかけ、スタートポジションに戻す
- 手の位置を変え、手の平を自分のほうに向け、ダンベルが脚の近くになるようにする
- ダンベルを肩の高さまで上げ、さらに肘を少しだけ上げてから、スタートポジションに戻す。手の位置を変えると、鍛えている上腕二頭筋に効く箇所が変わる

- 同じ強度のまま、手の平を天井に向けてダンベルを上げる。このとき、ダンベル同士が身体の前で軽くぶつかるようにする。これが内旋と外旋の動きだ
- 肘を身体の横にしっかりと固定し、各ダンベルが30センチくらい離れるように持ち上げる
- スタートポジションに戻す

肩まわりのトレーニング

　肩の各部を順番に鍛えることができるので、私はこのトレーニングを気に入っている。

- ダンベルを身体の前、腰の高さで両手に持つ。腕は軽く曲げておく
- ダンベルを身体の横に向かって、肩の高さまで上げる。肘は少し曲げたままにしておき、関節ではなく筋肉に負荷がかかるようにする
- スタートポジションに戻す
- 手の平が自分の身体に向くようにダンベルを回す。肘を軽く曲げたまま、片方のダンベルを肩の高さまで前方に上げる
- スタートポジションに戻し、反対の腕でも行う
- ダンベルを肩の上に乗るように持ち上げる
- ダンベル同士が軽く触れるように頭上に上げる。スタートポジションに戻す
- 最後となる4番目のメニューは、背中をニュートラルにして前傾姿勢をとる。ダンベルは身体の前、胸の下にかまえておく
- 反対の動きをして、肘を軽く曲げたままダンベルを身体から離す。背中の上部が引き締まるのがわかるだろう。力を込めて、ダンベルを元の位置に戻す

ジョン・ボイエガのトレーニング

引き上げる動作のケーブルチェストプレス　左右各25回

有酸素運動

引き上げる動作のケーブルチェストプレス　左右各20回
引き下げる動作のケーブルチェストプレス　左右各20回

有酸素運動

引き上げる動作のケーブルチェストプレス　左右各15回
引き下げる動作のケーブルチェストプレス　左右各15回
引き上げる動作のケーブルウッドチョップ　左右各15回

有酸素運動

引き上げる動作のケーブルチェストプレス　10回
引き下げる動作のケーブルチェストプレス　10回
引き上げる動作のケーブルウッドチョップ　左右各10回
アームカール各種　各10回

有酸素運動

引き上げる動作のケーブルチェストプレス　8回
引き下げる動作のケーブルチェストプレス　8回
引き上げる動作のケーブルウッドチョップ　左右各8回
アームカール各種　左右各8回
肩まわりのトレーニング　各8回

有酸素運動

7 自分に厳しくなりすぎない

　俳優と近しく働いていると、彼らが大役をまかされたプレッシャーに襲われているのがよくわかる。心身両面で、アクション映画制作には複雑なプロセスがある。プレッシャーがかかったほうがうまくやれて、最高傑作を生みだし、最高の演技ができる俳優もいるが、そうなるのはなかなか難しい。

　このプレッシャーを少しでも軽くしようと、私はトレーニングの計画にさまざまな手法を用いる。**現場にいるほかの人は全員、俳優に何かを要求しているが、私はできるだけ俳優たちに何かを与えたい。**それは、トレーニングのかたちをとることもあれば、リカバリーや栄養、気分転換のこともある。

　私はクライアントとの時間を仕事のように感じさせたくない。余暇やご褒美のような時間にしたいのだ。私はジムには仕事の緊張感を持ちこまないようにする。クレイグといるときはいつも会話の流れをラグビーやフットボールの話題、週末の出来事、笑い話にもっていこうとした。

　俳優は身体が疲れる前に精神的に疲弊しやすい。彼らはキャラクターを体現しようとしているので、覚えなければならない台詞、身につけなければならない口調や癖がたくさんある。そうしてへとへとに疲れてしまう。

　俳優たちは常に完璧を目指しているが、それは役の肉体的な要素にと

どまらない。どんな映画でも、撮影が始まってしまうと、私の仕事で一番大変なのは、トレーニングするより休むほうが効果的だと伝えるタイミングを見定めることになる。

アダム・ドライバーは軍隊にいたことがある。私も元軍人なので、スター・ウォーズのためのトレーニング中に彼がジムで示した元海兵隊員の強さと厳しく統制されたメンタリティを理解できた。アダムがどれほど献身的に役づくりをしているかがわかった。

だがときどき、いくつかの撮影が行われていたアイルランドのジムで、午前4時半のトレーニングのとき、あまりに追いこみすぎてしまい、私はアダムにもうじゅうぶんだと言わなければならないことがあった。だが、アダムがもっと自分を追いこみ、トレーニングを続けたいと思っているのがわかった。トレーニングをしないよう勧めるのは、トレーニングをするよう励ますよりも難しい場合がある。どんな気分でも、どれほど忙しいスケジュールでも、アダムは毎日1～2時間ジムでトレーニングしたがった。そのため私は、**どれだけトレーニングしたかではなく、どれだけ回復したかが大事なのだ、と説得しなければならなかった。**

俳優には役を演じるために心に潜む暗い場所まで下りていかなければならないことがあるが、これが撮影中、大きな被害をもたらしかねない。俳優が大きな変身を遂げるためにトレーニングするとき、彼らが病んでしまわないように、そのプロセスをあらゆる面まで気にかける。私は常に彼らの見た目、気分、反応を観察している。

私はまた、俳優が健康を危険にさらすようなことをさせないようにする。そういうことがあると、長い目で見て、復帰するのが難しくなりかねないからだ。常に元の状態に戻れないといけない。特に、役づくりのために減量していると、どうしても体重が減っていくのが楽しくなってしまうので、そうするのはかなり大変だ。だがたいていは、楽しいのもある程度の期間しか続かず、やがて疲れ始め、取り返しがつかないほど

健康が損なわれてしまう。目先の利益に目がくらみ、長期にわたる健康を
おろそかにしないようにする。そんなことになったら割に合わないからだ。

　あなたにも、身体づくりの目標を追求するあまり、自分を追いこみす
ぎてしまうところはないだろうか？　**極限まで自分を追いこむような生
活は避けたほうがいい。それは身体と脳の健康によくない。**

　目標を達成するために、自分にプレッシャーをかけすぎたり、厳しく
やりすぎたりして、精神的に疲れきってしまうことがある。そうすると、
疲弊してしまい、目標を達成するための肉体的な活動が何もできなく
なってしまうかもしれない。**肉体的な疲労よりも精神的な疲労のせいで
前に進めなくなることを知っておいてほしい。**身体に止まるよう指令を
出すのは脳であって、逆ではない。心身共に健康でいたかったら、身体
を気づかうのとまったく同じように脳も気づかわなければならない。

　モチベーションが上がらず、強度の高いトレーニングを完遂できそう
にない日があっても、それを受け入れることだ。そうした日を別のかた
ちで活かすこともできる。いつでも自分を追い込みすぎないようにしよう。

心の健康が最優先

　鏡に映る自分の姿を見てどう思うかよりも、心の健康のほうを優先さ
せるべきだ。気分がよければ、見た目もよくなる。そうすることで、自
信、元気、人生に対する熱意全般が生まれるからだ。

　見た目の美しさだけに関心をもってしまうのは、体重が減ったり筋肉
がついたりするとまわりから称賛され、最初のうちは自尊心がくすぐら
れるからだ。しかし、そんなものは自己評価や自尊感情ほど大事なもの
ではない。最大の賛辞とは、楽しくて前向きな人なので一緒に過ごした
いと言われることだ。外見ばかりに気を取られるのではなく、感情や前
向きな姿勢をもっと称賛するようになったらいいと思う。

　ソーシャルメディアのプレッシャーのせいで、余計に見た目に意識が
向いてしまうが、非現実的な姿になりがちなSNSなどに没頭しないよう

にしよう。SNSのアカウントは外見を気にする人であふれていて、そうした人たちは完璧な見た目になるためにはなんでもする。だが、錠剤やサプリメントやフィルターは成果を出すための方法ではないし、健康な心のための処方箋でもない。極端なやり方やすぐに結果が出る方法に飛びついて、心の健康をおろそかにしているとしたら、最終的にひどいことになる。

　頭と身体が助け合い、補完し合うようにする。頭がいい状態なら、きっと身体にも注意を払える。身体がいい感じなら、とても幸せになるだろう。精神的に前向きな状態だと、結果を出すために意識的に自分をどんどん追い込める。

　そして、身体に関することで目標を達成したと思えたら、その高揚感から満たされた感覚になる。正しい理解のもとでは、**頭と身体が互いに刺激を与え合って、すばらしい循環が生まれる。**前向きな頭と身体は互いの糧となるのだ。

『タイタンの逆襲』に出るサム・ワーシントンのトレーニングを始めたとき、トレーニングは彼の最優先事項ではなかった。私と初めて会ったころ、ワーシントンはトレーニングや栄養に対してきちんと取り組んでいなかった。トレーニングはするものの、身が入っていなかった。

　というのも、彼は映画のためのトレーニングを息が上がるほど厳しい、古くさい取り組みだと考えていたからだ。

　トレーニングとはもう一度肉体を蘇らせるものだ。トレーニングすると、多幸感をもたらすエンドルフィンが分泌され、今日も1日がんばろうという気分になる。ベッドに戻りたくなったりソファに寝転がりたかったりはしない。そう思うのはバランスがとれていない大きな証拠だ。バランスがとれていたら、効率的かつ注意深くなるように脳が活性化され、あらゆる感覚が鋭敏になる。そうしたすべてを1つにまとめて健康というのだ。

悪い日などない

　毎日の日課をすべて達成できなかったり、全力でトレーニングできなかったりすることがある。だが、それに対していらいらするよりも、悪い日なんてないと自分に言い聞かせる。**できなかったことに目を向けるのではなく、すでに成し遂げたことについて考え、次のトレーニングを楽しみにするのだ。**15分間の有酸素運動でもストレッチでも何かをしているかぎり、その日を健康に過ごせるというのが私の考え方だ。私も若いころは、トレーニングをさぼったら自分に厳しくあたっていた。だが、自分を責めず、その状況を前向きに変えられるようになった。

　身体づくりは、1日のなかで、失敗すらポジティブに変えられる唯一の領域ではないだろうか。筋肉が疲れきってしまいトレーニングがうまくいかないとき、脳は次のように認識する。「もうこんな思いはしたくない。心身両面でなんでもできるようになろう。そうすれば、次に同じ負荷がかかってもできるはずだ」と。だからこそ、失敗がポジティブなのだ。負荷に適応することで、あなたはさらに強く、速くなる。トレーニングの最中に、「できなかった。私には無理だ」と言われると、私は「すばらしい。それこそ私が望んでいたことです」と答える。**トレーニングで失敗したからといって、落ち込まないように。むしろ、歓迎したほうがいい。**

　こうした考え方になるには多少の時間がかかる。一方で、ボディビルダーはずっとそうしている。失敗が目標になることも多々あるようだ。とはいえ、トレーニングをやり遂げ、負荷がかからなくなってきたように感じたいときもあるだろう。とにかくどのトレーニングでも失敗を目標にはしないように。楽に感じたときこそ、自分の成長を実感できる。

あまりやらないほうが効果的なこともある

　成長が見られないように思えても、それは一生懸命トレーニングして

いないからではない。トレーニングをハードにやりすぎていたり、種目の数が足りていなかったり、単に身体が回復するための時間が不足していたりするだけかもしれない。

　伸び悩んでいるときは、トレーニングの時間や強度を増やすよりも、短い休憩をとることを考えたほうがいい。あるいは積極的にリカバリーモードに入る。運動を続けつつ、回復やリラックスする方向に考え方を変えるのだ。非現実的な目標のために強度やウェイトや回数を上げても、疲労の上に疲労が積み重なっていくので、意味がない。身体はいつも求めているものや必要なものを伝えてくれるので、身体からのメッセージを受け取れるようにしておくべきだ。

　多くの人は、厳しく追い込めばもっと向上できると考えてしまう。しかし、残念ながら、そうはならない。最悪の失敗の1つは、栄養を減らしたり、トレーニング時間を長くするために早起きを始めたりすることだ。決まったトレーニングを続け、向上している実感が得られているなら、おそらく長い期間でみればうまくいくだろう。身体づくりに取り組むうえでは、そのほうがはるかに継続可能な考え方だ。

　身体づくりを始めたばかりのころに、大きな成果が出るのは当然だ。見た目がたくましくなったり、身体のつくりが変わったり、体力がついたりする。だが、人は常にもっと欲しがるものなので、さらに向上しようと自分を追いこむ。それなのに、最初の数週間とは同じ結果が得られなくなってくる。すると、途端にやる気がなくなってしまう。

　私のアドバイスは、「プログラムをやり続けること」に尽きる。何も変えてはいけない。身体がつくられるのを実感し、トレーニングが楽になるままにする。継続できそうな方法をとって、まったく同じ成果が出て前進しているのだから、負荷を上げる必要などない。

　ウェイトを上げているとき、たとえば、筋肉が硬く膨張し機能的な状態からやわらかく反応しない状態になっていないか、私は注意深く見ている（これは、もうじゅうぶんだということを示す確かなサインだ）。筋肉に血液が巡らないのは、疲労がたまっているからだ。

10分でできるメンタルヘルスチェック

　ほとんどの人が、何もかもしんどくて、トレーニングする元気もモチベーションもないと感じるときがある。生活に追われ、トレーニングに支障が出るのだ。人には弱いところがある。誰にでもモチベーションが上がらないときがあるだろう。そのことをわかっていると、自分を責めずに済むはずだ。**ほかの人はいつもモチベーションが高く、四六時中エネルギーにあふれているなどと思わないように。そんなはずがない。**

　クライアントとのトレーニングを始めるとき、私は数分かけて、相手のその日のコンディションとモチベーションのレベルを見定める。通常、睡眠の状態からたずねる。よく眠れていないと、トレーニングに対して精力的に臨める度合いに大きな影響が出るからだ。また、ストレスを吐露する機会も設ける。ストレスは、体力の度合いとトレーニングの強度と関係がある。

　あなたも同じようなことを自分で確認したほうがいい。トレーニングする前に時間と場所を見つけて、手短にメンタルヘルスをチェックする。次のようにたずねてみてほしい。「いま私はどんなふうに機能している？ すべての感覚は正常に働いているだろうか？　集中力のレベルはどうだろうか？」。自分の気分と、想定しているトレーニングの強度を見定めるのだ。これをアクティベーションの最中に行う。あるいは、アクティベーションとは別に、座って瞑想するようにやってもいい。10分ほどかけて、メンタルチェックリストを見ていき、自分がどういう状態かを判断する。私たちはみな、いつも外側に目を向けすぎている。視点を変えて、内側に目を向け、自分の健康状態と、脳、呼吸、心拍数、不安、ストレスと歩調を合わせるのだ。シンプルにこう自問してもいい。「今日はどんなふうにがんばっている？」

　人はどうしても起こってもいない未来や、変えられない過去にとらわれがちだ。「いまこの瞬間にきちんと意識が向いているか？」と問いかけ、

現在に集中するのは案外難しく、そうできるのはめずらしい。だが、それこそが重要になってくる。いまこの瞬間に、ここにいる自分自身に焦点を当てる。「私はうまく機能している。心拍数はいい感じで、呼吸は制御されている。身体もたくましく反応もいい」と自分に言えるようになりたい。

　睡眠や食事についても自らに問いかける。栄養状態をどんなふうに感じている？　食事と感情には密接な関係がある。食事を楽しんでいるだろうか？　腹を立ててはいないだろうか？

　達成したいことをすべてリストにして、トレーニング、リカバリー、栄養など、自分の計画における各要素が思いどおりになっているかを自問する。その日のモチベーションを評価するのもいい。身体面と精神面の状態を1から10までで評価したら、何点をつけるだろうか？

　最終的には、これをほとんど意識せずにできるようにしよう。心の強さや耐久力の強化につながるものは、身体的な面にも通じるのだ。

自分の心理状態に合わせる

　怠けるのを許すことが目的ではない。妥協点を見出し、人生では時に、自分が望む強度でトレーニングできないこともあると理解することが大切なのだ。そのうちに、怠惰と心身の疲労の違いがわかるようになるだろう。私が提案した質問をすれば、両者の違いが見分けられるようになるはずだ。気分が変わるようなことが起こるのを受け入れよう。昨夜は食欲がなかったのかもしれないし、友人や家族と口論になったかもしれない。そのせいで、ジムに行ったり走りに行ったり予定していたことをする気力がなくなったのだ。

　覚えておいてほしいのは、**いつも自分の成長を実感できることをするのはいいが、必ずしも毎日すべてを出しきる必要はない**ということだ。そんなことをしていたら、燃え尽きてしまう。燃え尽きないためには、心と体の声を聞くことが欠かせない。

　そして、**自分に負荷をかけすぎないこと**。前向きに始めて、前向きに終われるようにしよう。トレーニングの前に自分にこう言う。「私はこれをやる」。それから、最後にこう言う。「私はこれをやった」。そうすれば、達成感が得られるだろう。

　自然とエネルギーが湧いてくる日もあれば、ダブルエスプレッソで活力を補いながらすばらしい気分になる日もあるだろう。そういうときこそ強度を上げればいい。そうした気分を最大限に活かすのだ。ベストだと思えずトレーニングの強度を下げた日も気にしないように。

　睡眠の状態やその日のコンディションについて話してもらった内容にしたがって、私はトレーニングを調整する。私の頭にはいつも20分、40分、60分のトレーニングメニューがあり、私の質問に対する回答に応じて、最も適切だと思うものを用意する。あなたも同じようにするといい。計画していたトレーニングを完全にはできなさそうな場合、軽めの日にして、20分や40分のトレーニングを行う。

　挫折しないようにするため、自分に正直になることだ。よく眠れていないのなら、時間を減らすだけでなく強度を下げてもいい。最適な条件で行うものより10〜20パーセント下げる。とにかく柔軟に。

　演劇の仕事に取り組んでいるレイフ・ファインズのトレーニングをしたとき、精神的な疲労について最も学んだように記憶している。1回で正しく演じないといけないプレッシャーがかかるため、映画の撮影より演劇のほうがはるかに集中力を必要とする。気を取り直してもう一度、というわけにはいかない。

　私はファインズから精神的な疲労と肉体的な疲労のはっきりとした違いを学んだ。彼から、**精神的な疲労が必ずしも肉体的な疲労を示すものではないこと、頭が疲れていても身体にはまだ何かができることを教わった**。

　そうした状況では、私は通常、以前にやったことがあり、わかりやす

く単純なトレーニングを勧める。初めてやる複雑なものは、高い集中力を必要とするため避けるべきだ。

　私のプログラムはとても柔軟性がある。あなたがトレーニングの内容を厳格に決めているなら、気分に応じて予定を変更できないので、大変だろう。私はそこまで厳しくコントロールされた生活を送ってほしいとは思わない。それでは達成感を味わえないので、ストレスが多くなる。柔軟性をもとう。**最高の成果を出したいのなら、柔軟に、そして熱心に取り組まないといけない。トレーニングのためのトレーニングなどしないほうがいい。**

　クライアントからときどき、毎日100パーセントの力でトレーニングしないと罪悪感があると言われる。そうしないと、失敗とみなす人もいる。

　だが、私は、クライアントが疲れきっている場合、今日はオフにして休もうと喜んで提案する。「いいえ、トレーニングしなくちゃ」と言っているようなら、強度を下げるように調整する。そうすれば、少なくとも休みにはならないからだ。とはいえ、まったくトレーニングしないことのほうが多い。すると翌日、クライアントはたいてい「昨日は休めてとてもうれしかった」と100万倍よい気分になり、「トレーニングしたくてうずうずしている」となるのだ。

とにかく、始めよう

　私は常々、何かを始めることが一番大変だと思っている。だが、いったん始めると、トレーニングにどれくらい力を注げばいいのかわかるようになる。10分やるだけで気分がよくなるのだと自分に言い聞かせられれば、どんなことでも絶対に納得して始められる。

　始めることで気分が盛り上がる。脳はすぐに、どんなふうにやり遂げられるか、今日はどんなことができるかわかる。身体が必要なエネルギーを用意し、エンドルフィンが分泌しだすと、どんどん調子が出てく

る。だが、あまり楽しくないし、気分が乗らないようなら、その感覚に合わせるようにする。私としては絶対にケガをしたり、病気になったりしてもらいたくない。そうなると、数週間、あるいは数カ月も離脱することになるからだ。

体重計には乗るべき？

　情報が多すぎるのはあまりよくない。そのため、私はクライアントに朝（にかぎらずいつでも）、体重計に乗ることを勧めない。数値のせいでその日の気分が台なしになりかねないからだ。体重のこととなると、思うように減っていないことや1キロ程度増えたことを気にして、誰もが自分をひどく責める。体重の数字にあらゆる行動や、食事や食べ物に対する感情を支配され、極端な行動に走ったり、身体によくないことまでしたりしかねない。

　体重を基準にすると、健康的な身体づくりにはならない。人の身体は時々刻々と変化している（午前中の体重は午後の体重と1、2キロ違ったりする）。そんな数字に何の意味があるだろう？　それよりも、自分がどれほど一生懸命トレーニングし、どんな気分かを考えるのだ。自分は進歩していないと思いこむ罠に陥らないように気をつけよう。そうなると、もっとトレーニングしないといけない気にさせられるが、実際には思っているのと逆のことも少なくない。

　外見だけでなく、感覚的に自分の成長をはかれる場合、数値を追いかける必要はない。プロのアスリートのように特定の体重や体脂肪率にする必要がないかぎり、数字によって気分やメンタリティを左右されないようにする。

　筋肉は脂肪よりも重いという事実を理解し、筋肉が主に身体をかたちづくることを心に留めて、常に体重よりも身体の組成に注目するようにしよう。

『リズム・セクション』
ブレイク・ライヴリーの
トレーニング

ライヴリーと取り組んで感じたのは、その妥協しない姿勢と何でもやってみようとする態度だ。映画のためのトレーニング中、彼女はいつも限界まで取り組んでいた。

ライヴリーは自分の限界を知り、それを認めることをいとわなかった。いつ追いこみ、いつ回復し、いつじゅうぶんと感じるかを伝えてくれた。限界に達したライヴリーが勇敢にもそれを認め、教えてくれることもあった。

　私がライヴリーを尊敬しているところは、母親業とアクション映画スターを両立する方法を見つけた点だ。まだ暗く寒い早朝、『リズム・セクション』の撮影が行われているアイルランドで、私は彼女にトレーニングの一環としてスクワットをするよう伝えた。ライヴリーは抱っこひもで赤ん坊を胸に抱いたまま、トレーニングすると言い出したのだ。

　ほかの人はケトルベルやウェイトベストを使うだろうが、赤ん坊のいる母親なら、トレーニングに負荷を加えるために赤ん坊を抱っこひもで固定するのはいい方法だ。もちろん、跳びまわるようなトレーニングでは必ずしも安全とはいえないが、トレーニングによってはいい負荷になる。こうしたトレーニングは、ライヴリーと赤ん坊の絆を深めるいい機会だったが、映画の撮影に備えるために全力で取り組んでいる俳優としても有意義だった。

　ライヴリーの役には湖を泳いだり、格闘したり、武器を扱ったりするシーンがあるため、私たちは、肉体的にもそれを完璧にこなせる見た目にすることにした。

　トレーニングは、朝5時に彼女が借りていたダブリンの家で行った。私が少し早く到着しても、ライヴリーはいつも準備万端だった。やる気がありすぎて、玄関のそばで座って待っていることすらあった。彼女は、トレッドミルでランニングやウォーキングをしながら、家族と話したり、いつもの家庭生活を営んだりもしていた。

　ライヴリーにはすばらしい運動能力があったものの、映画のためのトレーニングには複雑で難しい課題があった。彼女の役、ステファニーは、ストーリーの進展にともない、作品内で変化する。最初のほうでは、やせ衰え困窮した生活を送っているため、運動能力とはほど遠いのだが、ステファニーはしだいに暗殺者になっていく。そうした変身に手を貸すのが私の役目だ。ライヴリーにはすばやく動く足、持久力、反射神経が欠かせなかった。彼女はスタントを数多くこなした。俳優というものは、能力が許すかぎりいつも自分でやりたがる。いくつかの戦闘シーンの演出はかなり難しいものだった。さらには危険を避ける運転技術も必要

だった。キャラクターを表現するのに求められる変化に合わせてトレーニングや食事を絶えず変えていったので、大変だっただろう。

　週に2回行っていたこの脚のトレーニングは短時間で効果的だ。心肺機能を高めるだけでなく、筋力と柔軟性の向上にも効果がある。

アクティベーションと有酸素運動

　激しい活動をする前、身体と頭の連動性を高め、動き出す準備をするために、まず軽いアクティベーションから始めよう。

　ライヴリーは動きに重点を置いたメニューにした。ラダーを使ったもの、私がかまえたミットを打つ軽いボクシング、力強い瞬発力を要するプライオメトリクス・トレーニングなどだ。スタントのトレーニングや迫力のある動きが必要とされるシーンの前にも、ライヴリーにはこれをやってもらった。そうすることで、攻撃的な感情のスイッチが入り、キャラクターを演じる気持ちがつくれた。有酸素運動には、トレッドミルを傾斜させ、ウェイトベストを着て歩いてもらい、スプリントも取り入れた。

ブレイク・ライヴリー

ブレイク・ライヴリーの 5-2 トレーニング

スクワット

　その日のライヴリーの体力に合わせて、回数を増やしたり強度を上げたりすることもあれば、もっとシンプルにして軽くすることもあった。

- 肩幅より少し広めに足を開き、つま先は軽く外側に向ける
- 太ももが床と平行になるまでしゃがみ、そのまま4秒数える
- 踵全体に力を入れて一気に立ちあがり、スタートポジションに戻る
- バリエーションとして、頭の上でメディシンボールを抱えて行ってもいい。また、サイドステップをしてからスクワットをするなど、別の動きを組み合わせることもできる

ラダートレーニング

　このトレーニングはダンスのようだ。片足のつま先でラダーのそれぞれのマスにタッチする。できるだけ速く、勢いをつけて、優雅に行う。これによって、足の動きが俊敏になり、下半身が連動するようになる。ラダートレーニングは有酸素運動なので心拍数が上がるが、とても楽しい。

- ラダーの端から始める。両足を肩幅に開き、ラダーの左側に立つ
- 右足を25センチほど動かして、つま先でラダーの最初のマスに軽くタッチする。ラダーの端まで順番にマスにタッチしていく
- 端まできたら、反対側を向き、ラダーの右側に立つ。今度は左足を使って戻る。視線は足元ではなく前方に向ける。テンポよく、すばやく行う

ブレイク・ライヴリー

ショルダープレスを組み込んだスプリットスクワット

　2つの動きを組み合わせることで（ここではランジとショルダープレス）、強度が高くなり、動作が大きくなって連動性も高まる。個別に行うよりも一度にすべてのスイッチが入る。

- 肩幅より少し広めに足を開いて立つ。両手でダンベルを持ち、肩の上あたりにかまえる
- 前方に左脚を踏みだし、うしろ脚の膝が床につくまで下げる
- 一気に立ち上がると同時に、ダンベル同士が軽くぶつかるまで頭上に上げる
- ダンベルを下げると同時に、もう一度うしろ脚を床まで下げる。片脚で1セットやったら、脚を入れかえて同じように行う

チューブを使ったトレーニング

　前後の動きのトレーニングを多くやりすぎて、横方向の動きや角を曲がるような動きがおろそかになることがある。このチューブトレーニングでは横方向の動きが大切だが、臀筋の安定性も鍛えられる。私はチューブを、前後左右に動ける基本姿勢で使うようにしている。

- ■1本のチューブは足首あたりに、もう1本のチューブは膝の少し上につける。足は肩幅に開き、軽く膝を曲げる
- ■力を出せるように身体の前で手を組んで手の平を外側に向け、まっすぐ前方に意識を向ける
- ■歩幅を小さくして左に10歩歩いたら、右に10歩歩く
- ■ボックスステップのために、チューブがぴんと張るまで、左足を30センチほど前に出し、続いて右足も出す。そのあと、左足、右足とうしろに動かして戻る

ブレイク・ライヴリー

安定性を鍛えるトレーニング

　このトレーニングで、ライヴリーの反射神経を鍛えるだけでなく、安定性と連動性も高めた。

- 初めてやる場合は、両足を肩幅に開いて平らな面を上に向けたバランストレーナーの上に立つ。このトレーニングに慣れたら、ライヴリーがやったように片足でやってみる
- 臀筋と腹筋に力を入れ、膝をやわらかくしておく。手を身体の前に伸ばして、顔を上げる
- トレーニング・パートナーがテニスボールやピラティスボールや重さのあるお手玉などを上下左右、いろいろなところに投げる。投げる方向はさまざまなので、ボールなどが次にどこにくるかわからない
- キャッチして投げ返したら、スタートポジションに戻り、次に備える

ブレイク・ライヴリーのトレーニング

スクワット　25回

有酸素運動

スクワット　25回
ラダートレーニング　4往復

有酸素運動

スクワット　25回
ラダートレーニング　4往復
ショルダープレスを組み込んだスプリットスクワット　各10回

有酸素運動

スクワット　25回
ラダートレーニング　4往復
ショルダープレスを組み込んだスプリットスクワット　各10回
チューブを使ったトレーニング　各15回

有酸素運動

スクワット　25回
ラダートレーニング　4往復
ショルダープレスを組み込んだスプリットスクワット　各10回
チューブを使ったトレーニング　各15回
安定性を鍛えるトレーニング　10回

有酸素運動

『ガーディアンズ・オブ・ギャラクシー』 クリス・プラットの トレーニング

　何があろうと、たとえどれほど疲れていようとも、プラットは必ず私とのトレーニングの場に姿を現した。とはいえ、彼は自分の身体と相談することができ、あまりに疲労がたまっているときはちゃんとわかっていた。プラットはジムにやってくると、こう言ったものだ。「やあ、今日は木曜だけど、まだ木曜なのかって感じがする。いつもはやる気があるんだけど、今日はあまりやる気が出ない」

　プラットと私はきちんとバランスをとった。彼はトレーニングをいとわなかったが、厳しいトレーニングをこなすためだけに健康を犠牲にはしなかった。ここからあなたも学ぶことがある。**身体の声に耳を澄まし、疲労のサインを見過ごさないようにすることだ。**

　衣装を着ていたとしても、俳優はスクリーンでは文字通り丸裸にされる。隠れるところなどない。『ガーディアンズ・オブ・ギャラクシー』1作目の、プラットの刑務所でのシャワーシーンのように、俳優にとってシャツを脱いだときほど身体がむき出しになる瞬間はない。

　台本のその箇所を読んだとき、私はしるしをつけ、すぐにスケジュールを見て、プラットがそのシーンの撮影に臨む日付を確認した。準備期間がどれだけあるのかを知る必要があった。そのときこそ、プラットが準備してきた厳しいトレーニングの成果を披露し、みんなに「この役のためにすばらしい肉体に仕上げてきたな」と言わせたい瞬間だ。

　これは私の想像だが、『ガーディアンズ・オブ・ギャラクシー』にプラットが選ばれたとき、制作チームの誰かの頭にその配役が閃いて、プラットのもつ潜在能力に気がついたのだろう。だが、ある俳優に運動能力を求められる役の経験がない場合、常にいくらかのリスクが伴う。もっとも、そのために私がいる。そうした俳優が潜在能力を最大限発揮する手伝いをするのが私の仕事だ。

　初めてプラットと会ったとき、大柄な男であると同時に、すぐにすばらしい見た目になる可能性があると気づいた。彼は非常に献身的に取り組んだ。プラットは高校時代にレスリングをやっていたため、メンタリティがしっかりしていて、どんなトレーニングが必要なのかをわかっていた。身体がまったくできあがっていないわけではなかったが、ピーター・クイル／スター・ロード役のためにはもう少し身体をつくりあげる余地があった。

　プラットはできるかぎり最高の状態になりたがっていたし、彼は役づくりに懸命に取り組んだ。100パーセント全力でやらないと、あれほど力強い肉体にはなれない。その後、プラットとは『ジュラシック・ワールド』（こちらもかなり身体を張った作品だ）でも一緒に仕事をしたが、本作の準備のほうが大きな挑戦だった。

　私たちはその日のプラットの体力に合わせてトレーニングを調整した。プラットが調子を崩したりケガをしたりしないために、厳しく追い込み

クリス・プラット

すぎないよう絶えず気を配った。疲労がたまって回復が遅れるようなリスクを冒すわけにはいかなかったからだ。

アクティベーションと有酸素運動

プラットは大柄で筋骨隆々だったので、彼には軽快で、しなやかに、迫力ある動きができ、自由自在に動けることを実感してもらいたかった。プラットはベアクロールやサイドクラブウォークといった動物を模した動きを楽しんでいた。

彼のお気に入りの有酸素運動はローイングマシーンだ。トレーニングによっては、カヌーやボートを漕ぐように、全力で500メートル、または1キロも漕いだ。

スキップやバトルロープをすることもあった。多様な敏捷性を鍛えるトレーニングとしては、コーン間のスラローム走、ラダートレーニング、ミニハードル走、サイドステップ、グレープバイン［サイドに動くダンスのようなステップ］、スプリントなどがある。

クリス・プラットの 5-2 トレーニング

オリンピックの重量挙げ――クリーンアンドジャーク

　このトレーニングをプラットに選んだ主な理由は、たくさんの動作があり、楽しいからだ。こうした複雑なトレーニングをいつも行うわけではない。専門的なトレーニングなので、たくさん説明する必要があるからだ。だが、プラットは高校時代にトレーニングをしていたので、クリーンアンドジャークができるとわかった。身体の連動性があるなら、あなたもこのトレーニングができるだろう。

- 適度なウェイトにして、足を肩幅に開き、バーベルの前に立つ
- しゃがんでバーベルを順手でつかみ、背中と首をニュートラルにする。きちんとしたフォームを確認するために鏡を使うといい
- バーベルを持ち上げる際、自然とバーベルが太ももに軽くこすれるだろう
- 肘を上げ、手の平が天井を向くようにバーベルを上げる
- 肘がまっすぐ伸びるまでバーベルを上げながら立ち上がる
- しゃがんでバーベルを胸まで下ろし、腕を返して太ももまで下げ、床に下ろす

ベンチプレス

　ベンチプレスは筋力をつけ、筋肉を大きくするのに最適なトレーニングだ。胸筋、肩の筋肉、上腕三頭筋を鍛えるのに適した万能な複合トレーニングなので、さまざまな筋群に効果がある。手の位置とテンポを変えてもいい。このトレーニングのバリエーションは無限にあるので、気に入るものが見つかるだろう。

- 補助してもらうためにトレーニング・パートナーが必要になる（もしくは、ジムにいる誰かに頼む）。もしくは、安全のためにスミスマシーンを使って、バーベルをレールに引っかけたり外したりしてもいい
- 平らなベンチにあおむけになる。両足はベンチの上に乗せるか、ベンチの両脇の床につける
- 腕を肩幅より少し広めにして順手でバーベルを持ち上げる
- トレーニングの最初は補助してもらったほうがいい。特にウェイトを重くしているときはそうすること
- ゆっくりと胸に向かってバーベルを下ろす
- 腕がまっすぐになったスタートポジションまですばやく上げる

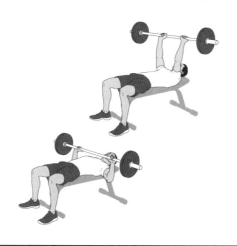

デッドリフト

　これも筋力をつけ、筋肉を大きくするのに最適だが、プラットのように身長が180センチ以上ある人には少しだけ難易度が高い。その理由は生体力学にある。背が高いと地面までの距離が長くなるので、何かを床からとるのが難しくなる。私はこのトレーニングをプラットのために改良し、ブロックを積むことにした。そうすれば、床から直接バーベルを持ち上げなくて済む。おかげで、バーベルにウェイトを増やすことができた。

- 足を肩幅に開き、バーベルの前に立ち、つま先は前方に向ける。視線はまっすぐにする
- しゃがんで片手は順手にし、もう片方の手は逆手にしてバーベルを握る。こうすると、力が出しやすく、コントロールもしやすい
- 背中と首をニュートラルにし、身体を曲げてバーベルをつかみ、立った姿勢に戻る。バーベルが太ももの真ん中あたりに軽く触れている状態にして、ほんの少しだけ上体をうしろに反る
- 脛の真ん中か床までバーベルを下ろす。自分の筋力と可動域に合わせること

クリス・プラット

肩まわりのトレーニング

　プラットはサイドレイズ、ショルダープレスからのフロントレイズ、ベントオーバーローイングを行う。このトレーニングをすると、筋力と安定性が鍛えられ、引きしまった筋肉になる。

- サイドレイズでは、肘は軽く曲げておき、耳の高さまでダンベルを横に上げる。
- スタートポジションに戻し、ショルダープレスに移る。両腕の角度が90度になるようダンベルを持ち、耳から15センチくらい離す
- ダンベル同士が軽く触れるように持ち上げる
- 肘の角度が90度になるよう、元の位置に戻す
- フロントレイズに移行する。ダンベルを太ももに触れるような位置で持ち、軽く肘を曲げたまま片方のダンベルを肩の高さまで前に上げる。スタートポジションに戻し、反対の腕でも行う
- ベントオーバーローイングに移る。軽く膝を曲げ、背骨、背中、首をニュートラルにしておく。ダンベルは身体の前、胸よりも下に下げておく。肘を軽く曲げ、ダンベルを肩の高さまで引き上げる。スタートポジションに戻す

腕のトレーニング

　肩まわりのトレーニングと同じく、短時間で成果が出るようにいくつかのトレーニングを組み合わせた。私が腕のトレーニングで終わりたいのは、それまでのトレーニングですでに腕の一部が確実に疲労しているからだ。ふつうのバイセップカールから始め、すぐにハンマーカールに移り、そのまま内旋／外旋させる。こうすると、姿勢がよくなり、前腕も鍛えられる。最後は足を上げたトライセップディップスで終わる。負荷は好きなように上げてかまわない。

■太ももの近くにダンベルをかまえて始める。肘を引いておき、両手を少し上げて、太ももから30センチくらいの位置にする。立って行っても、座って行ってもかまわない

■手の平を天井に向けてダンベルを上げる

■上げたのと同じテンポでスタートポジションに戻す

■ダンベルを同じ位置にかまえたまま、両手を動かして手の平を自分の身体に向け、ダンベルを身体の横にかまえる。ダンベルを肩の高さまで上げて、太もも近くのスタートポジションに戻す

クリス・プラット

- 内旋の動きに移行する。両肘が90度になるようダンベルを上げる
- 手首を回し、手の平を天井に向ける。上げるときダンベル同士が触れるようにする。次は、30〜40センチくらい離れるように動かす
- ダンベルを下ろす
- それを終えて、トライセップディップスを行うにはベンチが必要になる。負荷を上げるには、ベンチをもう1台使って足を上げる。指をベンチの端から離して、手で座るような姿勢をとる
- 肘が90度になるまで身体を下げて、スタートポジションに戻る
- 強度を上げるには、天井を見上げ、肘をまっすぐに伸ばし、その姿勢で3秒数えてからトレーニングを続ける

クリス・プラットのトレーニング

オリンピックの重量挙げ——クリーンアンドジャーク　25回

有酸素運動

オリンピックの重量挙げ——クリーンアンドジャーク　20回
ベンチプレス　20回

有酸素運動

オリンピックの重量挙げ——クリーンアンドジャーク　15回
ベンチプレス　15回
デッドリフト　15回

有酸素運動

オリンピックの重量挙げ——クリーンアンドジャーク　10回
ベンチプレス　10回
デッドリフト　10回
肩まわりのトレーニング　各10回

有酸素運動

オリンピックの重量挙げ——クリーンアンドジャーク　8回
ベンチプレス　8回
デッドリフト　8回
肩まわりのトレーニング　各8回
腕のトレーニング　各8回

有酸素運動

『プリンス・オブ・ペルシャ／時間の砂』 ジェイク・ジレンホールの トレーニング

　ジレンホールのトレーニングに対するこだわりを誰もが見習ったほうがいい。彼のすべてを向上させる姿勢が私は好きだ。たとえば、ジレンホールは疲れていたり息を切らせたりする演技をしなかった。そのかわりに、実際にその状態になろうとした。そうすることで、真に迫って見えるのだ。そうした状態が必要なシーンの前、私はカメラのうしろに立ち、彼は2、3分間ミット打ちを行った。カメラが回ると、彼の顔からは本物の汗がしたたり落ちた。

　ジレンホールとは、午前3時半からトレーニングをしていた。車に乗ると、彼はその機会を利用して仮眠をとる。そうして、その日の撮影に備えた。**ジレンホールは目標を達成するために1日をうまく使う人のお手本だ。**

　ほとんど毎朝、ジレンホールと私は午前3時半にトレーニングをしていた。これまでも早朝に俳優とトレーニングすることはあったが、ジレンホールほど朝早くトレーニングした人はいない。私たちはサハラ砂漠の端、モロッコまでロケに来ていて、撮影現場までは車で1時間半かかった。ジレンホールは午前6時までに現場に入らないといけない。そのため、時間帯に関係なくほとんどの人がこなせないような強度の高いトレーニングを、私たちは日の出前に済ませる必要があった。

　長時間にわたる1日の撮影後（砂漠の暑さのなか、12時間にも及ぶアクションシーンの撮影が頻繁にあった）、ジレンホールは帰り道のうち10キロほど、サハラ砂漠の熱い砂の上をよく走って帰った。私は車であとを追った。彼はみずからそうしていたのだ。砂漠を走るのが気分転換になったのだろう。だが、ホテルに戻ったら、栄養と水分の補給、ストレッチ、睡眠といったリカバリーが大事だった。

　ジレンホールは何度となく「何としてでもやり遂げる」と口にした。身体能力が必要な役を演じる場合、自分をとことん追いこんで存在感を発揮しなければならない。俳優の身体能力の高さがそのキャラクターの説得力を高めるからだ。

　この映画はゲームが原作なので、私はある程度ゲームを参考にした。ジレンホールはゲーム内でキャラクターが動くようにジャンプし、おそろしく機敏に動かなければならなかった。まるでパルクール［障害物を乗り越えながら街中を走るスポーツ］のように、そこらじゅうを疾走し、跳びまわり、ほとんどのスタントをこなした。馬に乗るシーンがあったので、それもマスターしなければならなかったし、剣で戦う演出もあった。おまけに、重そうに見える軽量の剣ではなく、実際に重量のある剣が使われた。筋骨隆々として能力を秘めた見た目にする必要もあった。ジレンホールはどのシーンでも鎧を身につけていたが、袖がない衣装だったため、腕があらわになっていた。彼はほとんどどんなことに対しても準備万端だった。

　ジレンホールは惜しみなく努力をした。そして私を信頼してくれていたように思う。基本的に運動能力があり、演じる役もたくましい役なので、トレーニングでは何よりもその点を意識した。私たちは、さまざまな筋群を使い、大きく動く、シンプルで、複合的なトレーニングにこだわった。

アクティベーションと有酸素運動

　ジレンホールは1日の始まりにエアロバイクに乗って足を動かすのを好んだ。有酸素運動ではスキップも組み込んだ。これは反射神経とリズム感を養うのに最適だ。また、2分間のプライオメトリクスをすることもあった。

ジェイク・ジレンホールの 5-2 トレーニング

ベンチプレス

これは上半身、特に胸と肩まわりを鍛えるための複合トレーニングとして最適だ。ジレンホールの役を本物のように見せるためにはとても大事なトレーニングになる。

- 補助してもらうためにトレーニング・パートナーが必要になる（もしくは、ジムにいる誰かに頼む）。もしくは、安全のためにスミスマシーンを使って、バーベルをレールに引っかけたり外したりしてもいい
- 平らなベンチにあおむけになる。両足はベンチの上に乗せるか、ベンチの両脇の床につける
- 腕を肩幅より少し広めにして順手でバーベルを持ち上げる
- トレーニングの最初は補助してもらったほうがいい。特にウェイトを重くしているときはそうすること
- ゆっくりと胸に向かってバーベルを下ろす
- 腕がまっすぐになったスタートポジションまですばやく上げる

バイセップカール各種

　トレーニングを組み合わせて、連続してすばやく行うと強度が上がる。これは負荷がかかり持久力も必要なので、筋肉がつき、引きしまった筋肉になるだけでなく、速筋と遅筋の筋繊維も太くなる。

- このトレーニングは膝立ちでも、立った姿勢でも、ベンチに座ってもできる
- 最初のトレーニングはダブルバイセップカールだ。ダンベルは外側に向けて脚から15センチほど離す。ダンベルをゆっくりと肩の高さまで上げる
- その状態から肘を数センチ上げてさらに負荷をかけ、スタートポジションに戻す
- 手の位置を変え、手の平を自分のほうに向け、ダンベルが脚の近くになるようにする
- ダンベルを肩の高さまで上げ、さらに肘を少しだけ上げてから、スタートポジションに戻す
- 同じ強度のまま、手の平を天井に向けてダンベルを上げる。このとき、ダンベル同士が身体の前で軽くぶつかるようにする
- 肘を身体の横にしっかりと固定し、ダンベル同士が30センチくらい離れるように持ち上げる
- スタートポジションに戻す

肩まわりのトレーニング

　このトレーニングは肩のあらゆる箇所に効く。外旋しながら上げると筋肉が引きしまり、ダンベルプレスで力がつき、前後の筋肉を使うことで、肩の安定性のバランスがよくなる。

- 最初のトレーニングのサイドレイズでは、肘を軽く曲げておき、耳の高さか肩の上までダンベルを横に上げる
- スタートポジションに戻し、ショルダープレスに移る。両腕の角度が90度になるようダンベルを持ち、耳から15センチくらい離す
- ダンベル同士が軽く触れるように持ち上げる
- 腕と肘の角度が90度になるよう、元の位置に戻す
- フロントレイズに移行する。ダンベルを太ももに触れるような位置で持つ
- 軽く肘を曲げたまま、片方のダンベルを肩の高さまで前に上げる。スタートポジションに戻し、反対の腕でも行う
- ベントオーバーローイングに移る。軽く膝を曲げ、ダンベルは身体の前、胸よりも下に下げておく
- 肘を軽く曲げ、ダンベルを肩の高さまで引き上げる。スタートポジションに戻す

ジェイク・ジレンホール

負荷をかけたランジ

　これは身体の動力源である臀筋を鍛えるのに最適だ。スピードや強さはまず臀筋から生まれる。一般的に男性は臀筋を鍛えるのを怠り、女性は臀筋を鍛えすぎる。大切なのはバランスだ。

- ダンベルを両手に持ち、足は肩幅に開いて立つ。腕をフックのようにしてダンベルをぶら下げる
- 足を肩幅に開いたまま、片足を前方に踏みだす。バランスをとるために、足幅は常に肩幅にしておく。膝が床につくまでうしろ脚を下げる。痛くないように膝の下にフォームブロックを置いてもいい
- 踏みだした足の踵に力をこめて動かすと、臀筋が引き締まる。太ももが床と平行になるまで身体を下げる
- スタートポジションに戻る
- 同じ脚で回数を重ね、強度を上げる。足を入れかえて同じことをする

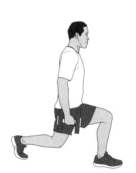

負荷をかけた体幹トレーニング

　これは腹斜筋、腹筋、背筋下部など体幹まわりに効くトレーニングだ。角度、負荷、テンポ、筋肉の緊張状態などを変えて組み合わせるのが私の好みだ。

- 自分に合った負荷のメディシンボールを持って、床にあおむけになる。ボールは両手で頭の上に持つ
- 腕をまっすぐ伸ばしたままボールを前に動かし、膝を上げてタッチさせ、腹筋が引き締まるのを感じる。スタートポジションに戻る

- すぐにロシアンツイストに移行する。メディシンボール、ケトルベル、ダンベル、プレートなど負荷のかかる器具を持って、マットの上に座る。膝は45度に曲げて足を前に出し、足首を交差させる

- 足を床から15センチほど浮かせる。身体を左にひねり、器具を床につくまで動かしてからスタートポジションに戻る
- 身体を右にひねり、器具が床につくまで下げる
- レッグレイズに移行する。あおむけになり、両脚を床と垂直になるまで上げ、床から15センチのところまでゆっくりと下げる。腹筋に力を入れ、緊張させておく。背筋下部にも力をこめ、床に押しつける

- 次は膝立ちになり、負荷をかけたサイドベントを行う。やや重い器具を片手で持ち、もう片方の手は後頭部にあてる
- ダンベルを床につくまで下げ、スタートポジションを通過し、反対側まで引っぱる

ジェイク・ジレンホールのトレーニング

ベンチプレス　25回

有酸素運動

ベンチプレス　20回
バイセップカール各種　各20回

有酸素運動

ベンチプレス　15回
バイセップカール各種　各15回
肩まわりのトレーニング　各15回

有酸素運動

ベンチプレス　10回
バイセップカール各種　各10回
肩まわりのトレーニング　各10回
負荷をかけたランジ　各10回

有酸素運動

ベンチプレス　8回
バイセップカール各種　各8回
肩まわりのトレーニング　各8回
負荷をかけたランジ　各8回
負荷をかけた体幹トレーニング　各8回

有酸素運動

『スター・ウォーズ』アダム・ドライバーのトレーニング

アダム・ドライバーは容赦なく自分を追いこむ。そうしたメンタリティは軍隊にいたころに培われたのだろう。アダムはトレーニングの強度と量と、実践するのに必要なものを心得ている。

あなたも自分が何のために努力をしているのかをしっかり把握することだ。そうしないと、意味がなくなってしまう。俳優が大作映画のために肉体改造をしている場合、健康にかかわることなので、トレーナーは彼らから信頼されなければならない。アダムは私の計画を信頼し、私を信用してくれた。だからこそ、誠心誠意努力したのだ。**新しい計画を進めるときには、自分の目標を明確にしよう。**

　子どもと夢中になってライトセーバーで戦ったことがあるとしたら、今回はそうした経験のある人のためのトレーニングだ。また、**全体的に身体づくりをしたい人にもぴったり**である。

　スター・ウォーズの映画の戦闘シーンの撮影では、かなりの運動能力が求められる。上半身をたくさん使い、腰を回転させ、力強くたくましくなければならない。身体の安定性と連動性を保ちつつ、臀筋やハムストリングスに力をこめる。戦闘シーンの演出では、身体全体を連動させ、絶えず突進したり、ねじったり、回したり、動いたりする。

　こうしたシーンは、スタントルームでゆったりとしたジム用の服を着て練習していてもこなすのが難しい。それなのに、現場で撮影に臨むときは、身体の動きを制限される衣装を着て高いレベルの演技をしなくてはならないのだ。照明に照らされ硬い床の上で動き回り、同時に、カメラの角度と、数百人から見られるというストレスも考慮に入れる必要がある。

　ライトセーバーを使った戦闘は、カイロ・レン役のアダムがすばらしい身体能力を必要としたシーンの1つだ。アダムが直近で出演した2つのスター・ウォーズ作品、『最後のジェダイ』と『スカイウォーカーの夜明け』で、私は彼のトレーニングを担当したが、今回紹介するのは、後者のために実施したトレーニングだ。そちらのほうが要求が大きかった。

　私の心に残っているシーンがある。アダムが波間から現れる水辺でのシーンだ。その撮影のために、アダムは2～3日のあいだ凍えるような寒さのなか、動きづらい衣装を着て終始ずぶ濡れになりながら、ワイヤーで高くつられたりした。実際、かなりの時間、彼は現場で宙づりにされた状態に耐えなくてはならなかった。これだけでも相当な負荷だが、アダムは監督からの要求にも応えなくてはならない。

　ダニエル・クレイグがジェームズ・ボンドとして、スクリーンの上で自然でなめらかに見えるように動かなくてはならなかったのに対して、アダムの動きはそれよりもはるかに大げさなものだった。さらに、ス

アダム・ドライバー

ター・ウォーズではめずらしいことに、『スカイウォーカーの夜明け』では、アダムの裸の上半身が注目されるシーンもあり、そのための準備もしなくてはならなかった。役と関係があるのなら、俳優は喜んでその手の撮影に応じるが、準備には複雑なトレーニングや専用の栄養補給も必要だった。

撮影の拠点はパインウッド・スタジオだったが、アダムは撮影のために、アイルランド南西部の小さな町、ディングルでかなりの時間を過ごした。このあいだ、私たちは午前4時に起き、4時半までにはジムに入った。朝早すぎたため、ジムのオーナーからスペアの鍵一式を借りていたのだ。エスプレッソを飲んだあと、6時までトレーニングに励んだ。そのあと、アダムの丸1日の撮影が始まった。

アダムにとって、エスプレッソは神からの贈り物のようで、それを飲むと、トレーニング前に欠かせないやる気が生まれた。早朝トレーニングが彼の日課の一部になり、仕事の始まりを告げるものとなった。彼のメンタリティはすばらしく、その努力に対する意識の高さと細部へのこだわりは誰にも負けなかった。

アクティベーションと有酸素運動

パインウッドのスター・ウォーズ用のジムで行ったアクティベーションには、トラックを駆け上がったり駆け下りたりする種目があった。アクティベーションはサッカー選手のウォームアップに似ていて、アダムはコーン間のスラローム走、腿上げ、踵を上げてタッチ、グレープバイン、短距離のダッシュもした。

バスケットボールをしたり、短い卓球の試合をしたりもした。これらは楽しくて、反射神経や横方向の動きを鍛えるのに役立った。私が卓球でアダムに勝てた記憶はない。

有酸素運動にはランニングを好み、ヘッドフォンをつけて音楽を聴きながら外へ走りに行った。アダムは気分転換できるものを気に入っていた。

アダム・ドライバーの 5-2 トレーニング

デッドリフトからスクワットスラスト

　私がこのトレーニングを気に入っているのは広範囲に効くからだ。筋力と動作を鍛えると同時に、有酸素運動の要素もある。こうした運動は効率がよいので、ジムにいる時間を減らすことができる。

- 通常のデッドリフトをするように、20キロのバーベルの前に足を肩幅に開いて立つ
- 背中と首をニュートラルにし、体幹を意識しながらしゃがんで、順手でバーベルをつかんで床から持ち上げ、立った姿勢をとる
- 床にバーベルを下ろす
- 両手を床について、両足を後方に出してジャンプし、瞬発力を使ってその足を前方に戻し、元のデッドリフトの体勢に戻る
- 立ち上がり、くり返す

アダム・ドライバー

スクワットスラストから懸垂

　これもまた、筋力と敏捷性を使うと同時に心拍数も上がる、広範囲に及ぶトレーニングだ。これは機能的な動きのパターンをつくるのに最適で、アダムが突進したり床から起き上がったり宙に浮いたりするシーンで必要とするものだった。

- 通常の懸垂をするように、懸垂バーの下に立つ
- 次に、しゃがんで床に手をつく
- 両足をうしろにさっと伸ばし、すぐに戻る
- 少しだけ勢いよく、さっと立ち上がり、懸垂バーをつかむ
- 顎がバーの上にくるまで身体を引き上げる
- 軽く身体を下ろし、床に下りる
- またしゃがんで、床に手をつく

リバースランジからバイセップカールへの連続した動き

　臀筋は動力源であり、瞬発力のもとだ。臀筋こそ筋力を生み出すエンジンルームなのだ。ランジとバイセップカールを組み合わせたこのトレーニングは、臀筋を鍛え安定性を向上させるのにふさわしい。最初の2つのトレーニング同様、こちらも範囲が広いので、時間の効率がいい。

■ バイセップカールができる、適度な重さのダンベルを太ももの横にかまえて立ち、足は肩幅に開く

■ 片足を後方に出し、膝が床につくくらい身体を下げる

■ 膝を上げて元の体勢に戻ったら、バイセップカールを行いダンベルを持ち上げる

■ 足を戻してスタートポジションに戻り、まっすぐ立つ

■ ダンベルを下げて、足を入れかえて繰り返す

アダム・ドライバー

腕立て伏せからサイドプランクツイスト

　自重を使うので、体幹を意識すると同時に、自分の筋力も試される。ひねる運動では、直線的ではなく、別の方向に動くことになる。

- 通常の腕立て伏せの体勢をとる。両手を床についても、軽めのダンベルを握っても、プッシュアップハンドルを使ってもかまわない
- 腕立て伏せをしたら、片手を床から離し、背中に回す
- 45度くらい身体をひねり、上げた手に意識を向ける
- その体勢のままひと呼吸して、スタートポジションに戻る。反対側も同じように行う

ハイクリーンからスクワットスラストを組み入れたショルダープレスとベントオーバーローイング

　これは並はずれて複合的なトレーニングであり、心肺機能も鍛えられ、身体の連動性、筋力、敏捷性が求められる。トレーニングを組み合わせると、短時間でできて効率がいい。

- 足を肩幅に開いて、順手でバーベルをつかむ
- 首と背骨をニュートラルにしたまま、肘を高くして、バーベルをさっと上げる。肘が肩の高さまできたら、腕を返してバーベルをショルダープレスの位置にする
- ショルダープレスを行う。バーベルを頭上に上げてから胸に戻し、太ももまで下げ、床に置く
- 床に下図のように手をついて、両足を後方にさっと伸ばし、すぐに戻す
- 体勢を戻したら、バーベルをつかみ、ベントオーバーローイングを行う
- バーベルを胸まで下げ、腰まで下ろし、背骨と首をニュートラルにしてスタートポジションに戻る

152

アダム・ドライバーのトレーニング

デッドリフトからスクワットスラスト　25回

有酸素運動

デッドリフトからスクワットスラスト　20回
スクワットスラストから懸垂　20回

有酸素運動

デッドリフトからスクワットスラスト　15回
スクワットスラストから懸垂　15回
リバースランジからバイセップカールへの連続した動き　左右各15回

有酸素運動

デッドリフトからスクワットスラスト　10回
スクワットスラストから懸垂　10回
リバースランジからバイセップカールへの連続した動き　左右各10回
腕立て伏せからサイドプランクツイスト　左右各10回

有酸素運動

デッドリフトからスクワットスラスト　8回
スクワットスラストから懸垂　8回
リバースランジからバイセップカールへの連続した動き　左右各8回
腕立て伏せからサイドプランクツイスト　左右各8回
ハイクリーンからスクワットスラストを組み入れたショルダープレスと
ベントオーバーローイング　8回

有酸素運動

8 マシーンではなく自分を頼りにする

　洞窟でトレーニングするというと奇妙に聞こえるだろう。だが、私は『ノー・タイム・トゥ・ダイ』に向けて準備をするダニエル・クレイグのために洞窟の中にジムをつくった。それは私たちが、丘陵地がくり抜かれてできたイタリア南部の古代都市、マテーラにロケに来ていたときのことだ。こんなに変わった"トレーニングジム"は初めてだった。しかし、その空間にいると、私たちは心が落ちつき、集中できた。このジムには簡単な器具がいくつか置いてあるだけのシンプルなものだった。クレイグとのトレーニングには複雑なものは不要で、すっきりとしていて機能的な場所があればよかった。

　俳優とロケ地に行くと、ふつうのジムで使っているのと同じ器具が用意できないこともある。馴染みのない土地にいると、手持ちのものに合わせてトレーニングしなくてはならない。洞窟のジムはかなり変わった環境だった。

　だが、限られた環境でできるトレーニングに挑戦するので、とても前向きになれる。クレイグの最後の007シリーズの撮影のためにジャマイカに行ったときも、私たちは見知らぬ場所でいつもと違う器具を使うことを喜んで受け入れた。こうしたことがあると、私は軍隊にいたころ、その場でつくって対応し乗り越えろ、と教わった日々を思い出す。

　007シリーズ7作品に携わっているあいだ、私は幸運にも信じられな

いようなロケ地を訪れることができた。そのなかでも忘れられない場所がチリのアタカマ砂漠にあるセロ・パラナル山だ。標高2600メートル以上もあり、地球上で最も乾燥し、荒れ果てた場所だ。通常、そこに滞在するのは科学者くらいで（天文台がある）、『慰めの報酬』の撮影をするときは、高地でのトレーニングに慣れると同時に、限られたジムの設備にも適応しなければならなかった。

器具に頼りすぎない

ロケ地では、器具がまったくないこともある。だが、私はそれを言いわけにしない。あなたもそうするべきだ。私は世界中どこででもトレーニングできるようにしたいと思っている。『ドクター・ストレンジ』に出演するベネディクト・カンバーバッチのトレーニングをしていたとき、ロンドンにある彼の自宅近くの湖に行き、屋外をジムとして最大限活用することが多かった。私は器具を入れたバッグを持参し、外でもトレーニングできるようにした。そうすると、開放感があり、カンバーバッチのモチベーションも上がった。

私はよくクライアントに、自分の通うジム（というより、どんなジムでも）でなければ効果的にトレーニングできないことがないよう、特定の器具に頼らないようにすべきと伝える。**いつも自分と共にあるもの、つまり自分の肉体でトレーニングするのだ。**自重と自然な動作を利用することで、室内でも屋外でも、自宅でもジムでも、公園でも陸上トラックでも、必要な強度のトレーニングは行える。どこででもトレーニングできる自信をもったほうがいい。懸垂、ディップス、ランジ、スクワット、腕立て伏せなど、自重を活かしてトレーニングできるはずだ。総合的に身体を鍛えられる器具を使えるならそれもいいが、そうしたマシーンがないときは、自重を使ったトレーニングに立ち返り、それでも効果的に行えることを心に留めておこう。

マシーンや装置や道具に頼るかわりに、自分自身を頼りにする。**必要**

なのは、どこにでも持っていける、**身体とトレーニング理論や方法論だ
けだ。**道具やジムの会員になるのにお金を使う前に、理論や方法論を
しっかり身につけることだ。

言いわけをなくす

　多くの人がやらない言いわけを探す。たとえば、休暇や出張のとき、
ホテルのジムにいつも使っている器具がないとしよう。特定のマシーン
に頼っている場合、ついそれを言いわけにして、トレーニングをさぼっ
たり、時間を短くしたり、強度を下げたりしてしまう。

　ジムにあるマシーンを見回すとき、それが物でしかないことを思い出
してほしい。常に自分の身体を念頭に置き、どのように動いて負荷をか
けるかを考える。大事なのは考え方を変え、トレーニングスペースの見
方と捉え方に意識を向けることだ。上半身を鍛えるのによさそうなマ
シーンがあるかもしれないが、ジムにいなかったりその器具が使えな
かったりする場合、代わりに腕立て伏せをすればいい。それでも同じ筋
群を鍛えることはできる。

　自分の身体について考えはじめるほど、トレーニングのやり方に対し
て創造性が増していく。想像力は無限なのだから、自分を縛ってはいけ
ない。私はこれまで、俳優に階段の昇り降りをさせたり、ロンドンのハ
イドパークの砂の上（馬用につくられた場所だ）を走らせたりなど、状
況に合わせて仕事をしなくてはならないことがたくさんあった。想像力
を働かせる利点は（これは、コンフォートゾーンから出ることについて
触れたパートでも書いたが）、それまでやったことのないことをやらざ
るを得ないところにある。

　私はいつも、車に載せてどこにでも持っていけるちょっとした道具を
詰めたカバンを用意している。**バッグの中には、チューブバンド、
TRXのストラップ、アブローラー、プッシュアップハンドル、縄跳び、**

パッド、マットが入っている。こうした道具があれば、どこに行っても
トレーニングをさぼるなどありえない。トレーニングしたい時間にホテ
ルのジムが開いているとは限らない。あるいは、ジムに行ったものの、
ものすごく混んでいるかもしれない。そのため、ロケに行くときにはど
こにでもこのバッグを持参する。あなたも自分の道具を入れたバッグを
用意するといい。そうすれば、いつでも準備万端になり、機会があれば、
その時間とエネルギーをトレーニングにあてられる。

マシーンの順番を待たない

ジムで自分が使おうと思っていたマシーンが使われている場合（混雑
したジムではよくあることだろう）、そこが空くまで手持ちぶさたで
待っていないようにする。その時間を使って、ほかのことをするのだ。
これこそ、自分が鍛えようと思っている筋群や身体を意識することが大
切になる。自分の身体のことがわかると、同じ筋群に効く別のトレーニ
ングに変えることができ、ぶらぶらと時間をつぶさずに済む。

動き続けていないと、心拍数が下がり始め、クールダウンし、モチ
ベーションも下がっていくだろう。おまけに、時間も無駄になる。だっ
たら、同じ筋群を鍛えられるほかの器具を使えばいい。決まりなどない。
何か違うことをやってバリエーションが広がるのを快く受け入れるのだ。
使えるマシーンがなかったら、自重を使って似たような動きをすればい
い。心拍数を高く保ち、トレーニングの運動量と強度を維持できること
をする。次から次にトレーニングを続けるようにしよう。

自然をジムとして活用する

身体づくりのためにジムに入会する必要はない。自然をジムとして利
用すればいい。やる気が出るし、メンタルヘルスにもいいので、公園や
原っぱや庭を活用したい。

　ジムの会員だとしても、冬はジムを利用し、夏はもっと外に出るなど、うまく組み合わせるほうがいい。1つのことに縛られるのはよくない。やりたいときに、やりたいことはなんでもできる。身のまわりにあるものを利用し、トレーニングを楽しいものにして、気分に合わせて環境を変えるのだ。私は常々、どんな都市やどんな初めての場所でも、何度か走って見てまわるのが一番いい方法だと思っている。あるいは、散歩でもいい。外に出て歩きまわり、環境を活かして、トレーニングを通じてやる気をもらう。

　ロケでイタリアのマテーラに滞在中、クレイグと私は観光がてら旧市街から洞窟のジムまで楽しく歩いた。観光客が歩くせいで丸石がつるつるにすり減っていたので、そこを走ることはできなかった。特に雨が降っていると、滑りやすい坂道や階段を走って移動したら危なかっただろう。とはいえ、どこか別のところにいたなら、私たちは走りながら観光したにちがいない。

9 年齢に負けない

　ダニエル・クレイグが初めてジェームズ・ボンドを演じたのは30代後半のときだ。最後のボンド役をやるころには、彼は50歳になっていた。だが、クレイグは年をとったことを理由にして、自分に対する要求を下げたりしなかった。

　007として出演した最初の作品から5作目まで、クレイグと私は高いレベルでトレーニングを行ってきたつもりだ。トレーニングをたくさんこなす25歳にも負けない、見事な肉体を誇りに思っている。最近では、アクションヒーローになるのに20代や30代である必要はない。20代のときの見た目よりも50代では見栄えがしないなどと誰が言えるだろう？　クレイグと私はただこう思った。「そんなことはどうだっていい。ただやってみて、何ができるか確かめてやろう」と。

　映画業界ではもはや、アクションシーンは若手俳優にしか演じられないものではなくなった。社会全体の身体づくりに対する考え方が大きく変わったからだ。年齢だけで健康かそうでないかを判断することはできない。私はこうした傾向が続いてほしいと思っている。

　若いときと同じ身体づくりの目標をもつことはできるが、当然、方法論は変わってくるし、達成するには時間もかかる。『カジノ・ロワイヤル』のためのトレーニングには約7カ月かかったが、クレイグの出演する007シリーズ2作目となる『慰めの報酬』ではもう少しかかり、約9カ月

だった。『スカイフォール』のためにはちょうど1年弱、『スペクター』ではもっとかかり、『ノー・タイム・トゥ・ダイ』ではさらに長かった。

　50代で、30代のときとまったく同じようにトレーニングして回復できるとはかぎらない。年齢に伴い身体が変わる事実は、どう考えても完全には無視できない。だが、**昔より少し賢くなって、自分の身体についての理解が深まり、自分のモチベーションを高めるものとそうでないものに自覚的になることはできる。**

　私はあまり若くはない俳優をトレーニングするのが好きだ。撮影現場に入るまでに、彼らの身体をしっかりと仕上がった状態にするのはやりがいがある。たとえば、インディ・ジョーンズ・シリーズの5作目に出演するハリソン・フォードのための計画を立てたとき、役づくりの肝となる鞭をぴしっと打ち鳴らす動きができるようにしなければならなかった。撮影時、ハリソンは70代後半だったが、身体を使ったシーンもできるだけ自分で演じたがっていた。私の計画によって、彼は必要としていた、なめらかでしなやかな動きを身につけていた。

トレーニングをさらに活かす

　若いころは、どれだけの重量を持ち上げられるか、どれだけ速く走れるか、自分の体重がどれくらいかを基準にしてトレーニングメニューを決めることが多い。年をとるにつれて、自分の進歩のはかり方が少し変わり、どう感じるか、どんな結果になるかを気にするようになる。さらに**年を重ねると、トレーニングを楽しいと思えることが重要になってくる。それこそが最も大切だ。気分がよくなることをしよう。**年齢によって、バランスは変わる。年齢が上がると、健康を維持し、元気で柔軟性があることが大事になる。

　たとえば、レイフ・ファインズだ。彼は並はずれてたくましい（あな

たが想像するよりはるかに屈強だ）。私は、007シリーズのMの役、『タイタンの逆襲』、いくつもの演劇作品のためにファインズのトレーニングを行ってきた。ファインズはしっかり取り組み、メニュー（どれぐらいの重さでデッドリフトやベンチプレスができるか）に興味があると同時に、年齢にふさわしいものにしようとした（現在のメニューが25歳のときと同じはずがない）。ファインズは映画のためにすばらしい身体をつくり、姿勢がよくなりたい、スーツを着たときの外見と所作をよくしたい、といつも洩らしていたが、そのおかげで、プライベートな時間も楽しめるようになった（彼はかなりの食通だ）と私は思う。

身体の声を聞く

ハリソン・フォード、ウディ・ハレルソン、ドニー・イェンといった年配の俳優とトレーニングするすばらしい点は、たくさんのことを学べるところだ。私は指導すると同時に、彼らは気づいていないかもしれないが、彼らから教わってもいる。

ハレルソンのように何十年も映画業界に携わっている人は、身体づくりの専門家に囲まれている。トレーニングの最中に彼と話していると、何十年もの経験が数分に凝縮された意見を聞いているように感じた。ハレルソンからは反対意見もぶつけられたが、私はそこから断片的な情報を集めて、別のクライアントに役立てた。トレーナーとしては、そのように互いに影響を与え合うと知識が深まり、業界で代わりの利かない存在になれる。

年配の俳優は自分の好き嫌いを熟知している。**あなたも時間をかけて身体の声を聞き、どんなものが自分に合っているかを知ることだ。**

50歳では、21歳と同じように回復はしない。そんなことは生理学的にありえない。かつてのように筋組織をつくれないし、昔のようには動けない。そのころほど効率のよい身体ではないのだ。同じ基準の回復を助ける物質や同じ量の化学物質を生成しない。年相応のトレーニングを

するのと同じように、年齢にふさわしいリカバリーをしなくてはならない。若いときからリカバリーに時間をかける習慣を身につけるのが理想だ。そうすると、身体のプログラムに刻みこまれ、それが生活のなかで自然だと考えられるようになる。

　ドニー・イェンは以前からサポーターなしでスタントを行ってきた。武術の達人として尊敬を集め、見事な肉体をもち、高い身体能力を有し、矜持ももっている。『ローグ・ワン／スター・ウォーズ・ストーリー』で彼と仕事をしたときに学んだのだが、ドニーの特徴は、そのリカバリーに対する姿勢と、しっかりと身体を癒し回復させるやり方にある。ドニーはいまでも見事な身体を保っている一方で、年をとったら同じことは続けられないことを心得て、回復の方法を調整している。

新鮮さを維持する

　ジェラルド・バトラーは古いやり方でトレーニングしていた。ウェイトリフティングをやって重さを増やす一辺倒だったのだ。私は、サスペンス映画『エンド・オブ・キングダム』と潜水艦を舞台にした『ハンターキラー 潜航せよ』などの準備のために、バトラーのトレーニングを現代的にするよう計画を立てた。彼は40代だったが、20代と同じメニューをやろうとしていたのだ。

　過去のやり方にとらわれてしまう人がいるが、バトラーはまさにそれだった。彼はよく『300』など過去の出演作でやっていたことを語ったが（主に彼が被ったケガについてだった）、私は目的と年齢に合わせたメニューにするべきだと伝えた。20年前と同じトレーニングをして、同じ成果は出せるかもしれないが、**年齢にふさわしく、新鮮で新しい目標に取り組んでいると感じることが重要だ。**ある年齢のときはある見た目になるよう取り組んだだろうが、年齢を重ねるにつれて、新しい心の景色と新しい目標が必要なことを理解しなくてはならない。

『インディ・ジョーンズ』シリーズ ハリソン・フォードの トレーニング

　ハリソンは自分の健康に強い関心をもち、努力をしている。70代後半だが、自転車や馬に乗ったり大好きなテニスをしたりと、活動的でアウトドアな生活を送る。毎日身体を動かすと生き生きと健康でいられるそうだ。年齢を問わず誰もがこの言葉に刺激を受けるだろう。

　成熟には知識が欠かせない。ハリソンのように、人は年をとるにしたがって、自分の限界への理解が深まっていく。自分の身体に何ができるのか、何が合わないのかを見極めたい。

　子どものころからインディ・ジョーンズの映画が大好きだった私からすると、鞭をぴしゃりと打ち鳴らすのに必要な動きについて、ハリソン・フォードとジムで話しているのは現実とは思えない瞬間だった。

　子どものころ『レイダース／失われたアーク《聖櫃》』を観ていて縮みあがるほど怖かったのを覚えている。特に、聖櫃が開き、結末に向かうシーンが恐ろしかった。インディ・ジョーンズの映画はすべて名作だ。そして、『レイダース／失われたアーク《聖櫃》』公開から40年後、インディ・ジョーンズのシリーズ5作目のためにハリソン・フォードのトレーニングを見る仕事が私にきた。

　ハリソンは熱心なテニスプレイヤーでもあるので、私が考えたトレーニングをすると、動きがなめらかになりサーブもうまくなると聞いて喜んでいた。私はこう伝えた。「サーブが上達すれば、インディのように鞭が打てますよ。かなり似た動作ですから」

　過去のインディ・ジョーンズ作品を観ると、ハリソンは1980年代に本格的なアクションシーンを演じていた。当時はCG技術がいまほど発達していなかったから、ハリソンはスタントの大半を実際に、生身で演じきっていたのだ。彼はたくさんの戦闘シーンで何度となく走り、ジャンプし、ぶら下がっていた。主演男優にとって、インディ・ジョーンズのシリーズは007シリーズ並みに容赦のない撮影になる。ほとんどすべてのシーンに出番があるから、休んでいる暇などない。

　ハリソンの年齢で、また大作に出て、たくさんの身体を使うシーンをできるだけこなそうとするなんて感心してしまう。これまでに出演したアクション映画のせいでハリソンは痛みやケガを抱えていたが、彼はできることを快くやった。ハリソンは常に身体を仕上げている。膨大な数のアクションシーンをこなしてきた彼の雄姿を、あなたもたくさん目撃しているはずだ。

　自らスタントをこなした1980年代をくぐり抜けてきたから、ハリソンは本作の撮影も自分のペースで進められた。何が自分にできて、何を制作チームにまかせたらいいのかわかっていたのだ。

ハリソン・フォード

インディ・ジョーンズで使われる鞭はかなり重たいので、ぴしっと打つためには特別な動作が必要になる。もちろん、これまでの4作でもハリソンは鞭を打ち鳴らしてきたが、私は計画を立て、この新作では流れるような動きが自然にできる身体に仕上げた。

ほかにも大事なのが、このメニューをこなすことで気分がよくなり、痛みがなくなることだった。2021年の撮影期間中、ハリソンは1週間に2回トレーニングを行った。このトレーニングは、身体を動かし、頭を働かせられるので、年齢を問わずすべての読者にお勧めだ。ただトレーニングをするだけでなく、賢くやらなくてはならない。賢いのは、身体を痛みなく自然に動かせるのに、何かを——痛みや苦痛を予防することを——やっているように感じるからだ。これこそまさに「スマートな身体づくり」である。

アクティベーションと有酸素運動

アクティベーションには、チューブを使ったり、自重を使ったトレーニングをしたり、動的ストレッチをしたり、ペースを保った有酸素運動のなかで瞬発力を使う動作を軽く行ったりした。ハリソンにも5-2メソッドを使ったが、通常トレーニング間に行う2分間の有酸素運動の代わりに、振動する器具（マッサージガン）を2分間筋組織にあてた。

ハリソンには、激しいトレーニングというよりリカバリーのようにいくぶん感じられたかもしれない。あなたが2分間の有酸素運動を行いたければ、エアロバイクに乗るなりほかの心拍数が上がるものをするなり、好きなようにしてかまわない。

ハリソン・フォードの 5-2 トレーニング

チューブを使って片手で行うラットプルダウン

　インディ・ジョーンズのためのハリソンのトレーニングはすべて、ウェイトではなくチューブを使う。チューブを使うと、動きがなめらかになり、動作のあいだずっと負荷がかかるからだ。トレーニング・ラックやケージにチューブを高い位置、腰の高さの真ん中の位置、低い位置に設置した。どれも気分転換にストレッチするのにちょうどいい（関節のあいだを血液が流れる）。このトレーニングは背中や肩に効く。

- ケージに正対して膝立ちになり、ケージの一番上の頭上にある高い位置のチューブをつかむ。親指と小指以外の3本の指でチューブを握る。こうすると、しっかり握れていい感じになる
- 膝立ちのまま、チューブがぴんと張るまでゆっくりと後方に下がる
- 胸の高さまでチューブを引き、肘を身体からあまり離さないようにする。反対側も同じように行う

ハリソン・フォード

■ かなりゆっくりした動きになるようコントロールしながら、チューブを元の位置に戻す。チューブに軽く手前に引っぱられるようにする。肩が少し関節から外れるような感じがするが、実際には外れないようにする。こうすると、関節のあいだに血液が流れる
■ 腕を入れかえて同じことをする

チューブを使った外旋の動き

このトレーニングは、回旋腱板と姿勢を保つ背中の筋肉に効き、肩が前に丸まるのを防ぐ効果がある。

■ ケージの横に立ち、今回も前回のようにチューブと反対側の手の3本の指で真ん中の位置のチューブを握る
■ 肘を身体の脇にしっかりとつけ、チューブが伸びているのを感じるまで、腕を身体から離すように開く
■ ゆっくりと速さをコントロールしながらチューブをスタートポジションに戻す
■ 腕を入れかえて同じことを繰り返す

チューブを使った内旋の動き
　ここでは前回の外旋の動きと同じ筋肉を使ってトレーニングする

- 180度向きを変えて、同じようにチューブと反対側の手の3本の指で真ん中の位置のチューブを握る
- 今回はチューブをへそに向かって引っぱる
- トレーニング中は体幹に力を入れておく。そうすることで、安定性が高まるという副次的な効果も得られる
- 腕を入れかえて同じことを繰り返す

ハリソン・フォード

チューブを使って片手で引き上げるローイング

　このトレーニングは背中にある三角筋と広背筋を鍛える。

- 今回も3本の指を使い、片手で低い位置のチューブをつかむ
- 肘を身体から離さず、手が胸の横にくるまでチューブを引っぱる。こうすることで、背中の横にある広背筋が引き締まる
- 力を抜いて、チューブを元の位置に戻す
- 腕を入れかえて同じことを繰り返す

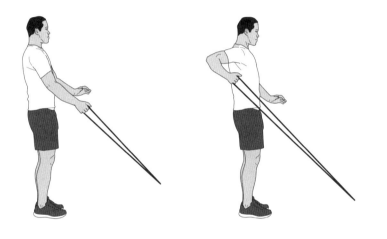

チューブを使った肩関節包のストレッチ

　このトレーニングは肩だけでなく、胸筋、上腕二頭筋、前腕も鍛えられる。

- ケージに背を向けて、高い位置のチューブを背中側で軽くつかむ
- それぞれ3本の指を使い、両手でチューブをしっかり握る
- チューブがぴんと張るまで前方に出る。顔を下げておくと、腕が少しだけ後方に上がる
- 少しずつ片足を前に出し、顔を上げ、前方に視線を向けて、ゆっくりと胸を上げる。肩関節包（関節にあるやわらかい組織）が伸びるのを感じる
- 伸ばしたまま30〜60秒キープする
- ケージのほうにゆっくりと後ずさり、スタートポジションに戻ったら指を離す

ハリソン・フォード

ハリソン・フォードのトレーニング

チューブを使って片手で行うラットプルダウン　左右各15回

振動するマッサージ器具：広背筋

チューブを使って片手で行うラットプルダウン　左右各12回
チューブを使った外旋の動き　左右各12回

振動するマッサージ器具：肩

チューブを使って片手で行うラットプルダウン　左右各10回
チューブを使った外旋の動き　左右各10回
チューブを使った内旋の動き　左右各10回

振動するマッサージ器具：肩

チューブを使って片手で行うラットプルダウン　左右各8回
チューブを使った外旋の動き　左右各8回
チューブを使った内旋の動き　左右各8回
チューブを使って片手で引きあげるローイング　左右各8回

振動するマッサージ器具：背中下部、広背筋

チューブを使って片手で行うラットプルダウン　左右各6回
チューブを使った外旋の動き　左右各6回
チューブを使った内旋の動き　左右各6回
チューブを使って片手で引きあげるローイング　左右各6回
チューブを使った肩関節包のストレッチ　30〜60秒

振動するマッサージ器具：肩関節包

『ジャック・ライアン』
ジョン・クラシンスキーの
トレーニング

　私はクラシンスキーの仕事のやり方を心から尊敬している。ほぼどんなトレーニングでも、私は思わず「やりすぎないように、そんなに負荷をかけないように、今日は自分にできることを証明しなくてもいい」と言っていた。時には彼を抑えないといけないこともあった。「もっとやれるだろう」と言わなくてはいけないことなど一度もなかった。

　クラシンスキーには生まれもったたくましさだけでなく、意欲や野心もあり、ほかの俳優のように、作品への準備に対するこだわりもあった。これほど激しくトレーニングしているのを見ていると、いつもやる気をもらえる。

　クラシンスキーは3、4週間かければ最高の身体になれる状態でいつもいたいと言う。常に最高の状態でいることなど物理的に不可能だとわかっているのだ。いつまでも最高の状態でいられると考えるのは、単純に非現実的だし、維持できるはずがないのでばかげている。

　このように、クラシンスキーは一流のアスリートのように考える。現代のアクション映画業界では俳優にもアスリートのような考え方が欠かせない。アスリートは、オリンピックなどにピークをもっていくが、その状態はわずか数週間しか維持できない。そこからゆるやかに下降して、心と身体を休めたあと、目標を新たに設定し、もう一度ベストな状態をつくり始める。

　クラシンスキーをトレーニングする前、私は彼の妻、エミリー・ブラントと『アジャストメント』の準備で仕事をした。クラシンスキーもエミリーも映画のためだけにトレーニングをしない。2人にとってトレーニングは、心身共に健康でいるための自然なライフスタイルの一部だ。だが、役づくりのためとなると、集中力と強度を少し上げるよう調整する。役のために演技や美意識を変えようとするとき、初めから強固な土台があると役に立つ。必要があれば、2人はいつもスイッチを入れることができる。これこそ心と身体のトレーニングに欠かせない。そして、計画が終わると強度を下げるが、トレーニングが2人のライフスタイルにとって大切なものであることに変わりはない。

　CIAのエージェント、ジャック・ライアンを演じることになったクラシンスキーは、それらしい外見にすることを望んだ。スプリントする、戦う、壁に当たって跳ねかえる、銃を分解してもう一度組み立てるなど、さまざまな運動能力が必要だった。その役にはスピードと反射神経が求められた。

　長期にわたる撮影の準備のために、私はクラシンスキーの好きなものを組み入れながら、綿密で強度の高い計画を立てた。彼が好きなのは筋力の強さだ。その基準となるのは最大反復回数が1回（1回だけしか上

げられない重さ）［Repetition Maximum：最大反復回数が1回を1RMという］かどうか。この基準だとトレーニング・パートナーと競いやすい。

　このトレーニングは、身体をピークにもっていくために筋肉をつける期間に、クラシンスキーが耐えたものの一例だ。これは本当にきついトレーニングである。筋肉をつける期間のあと、しっかり身についた筋組織が現れるようコンディションを整える期間へと切りかえた。

　数週間で最高の状態になれる身体を保ちたかったら、ベストな状態になってからしばらく維持することができるトレーニング法と、その状態を継続できるよう管理する方法を知らなくてはならない。

　大事なのは、維持している状態にあるとき、まだもっとできるように感じることだ。ピークに達する準備をしているとき、できることが何もない状態では、とても難しくなってしまう。

　筋力を基準にする場合、重要な最初の複合トレーニングに頻繁に立ち返り、1RMがどれくらいかを確かめることだ。私たちは4〜6週間に1回これを行い、前回はかったときから強くなっているか、筋力を維持できているかをチェックした。事前に筋肉を疲労させないので、1RMを使うと成長をはかりやすい。

アクティベーションと有酸素運動

　有酸素運動として、クラシンスキーは傾斜させたトレッドミルに10分間取り組んだ。歩きながら、私たちはジムのホワイトボードに書いてあることを話し合いつつ、役づくりのための厳しい準備をした。彼はこのトレーニングに有酸素運動をいろいろ組み合わせた。1セット目にはトレッドミルでの2分間のスプリント、2セット目にはアサルトバイク（ペダルだけでなくハンドルも使用するマシーン）に乗り、3セット目には階段を上る動きができる器具<ヴァーサクライマー>を行った。有酸素運動の4セット目はトレッドミルでのスプリント、5セット目はまたアサルトバイクをやった。

ジョン・クラシンスキー

ジョン・クラシンスキーの 5-2 トレーニング

負荷をかけたベンチプレス

このトレーニングでは、バーベルをどれだけ速く上下に動かせるかではなく、筋肉に負荷がかかっていたり筋収縮していたりする時間がポイントになる。そうすることで、負荷への適応を最大化できるため、最大限の結果を出せるのだ。ベンチを上下に傾けたり平らにしたりして角度を変えるなど、好きなようにアレンジしてもかまわない。

- 補助してもらうためにトレーニング・パートナーが必要になる（もしくは、ジムにいる誰かに頼む）。もしくは、安全のためにスミスマシーンを使って、バーベルをレールに引っかけたり外したりしてもいい
- 平らなベンチにあおむけになる。足の位置は自分が一番やりやすいようにしてかまわない。両足をベンチの上に乗せる人もいれば、ベンチの両脇の床につける人もいる
- 腕を肩幅より少し広めにして順手でバーベルを持ち上げる
- トレーニングの最初は補助してもらったほうがいい。特にウェイトを重くしているときはそうすること
- ゆっくりと胸に向かってバーベルを下ろす
- 腕がまっすぐになったスタートポジションまですばやく上げる

負荷をかけたデッドリフト

　クラシンスキーのトレーニングでは、いつもさまざまな筋群を使うことで筋肉を大きくするだけでなく筋力もつけていたため、複合トレーニングを基本とした。

- 足を肩幅に開き、バーベルの前に立ち、つま先は前方に向ける。視線はまっすぐにする
- しゃがんで片手は順手にし、もう片方の手は逆手にしてバーベルを握る
- 背中と首をニュートラルにし、身体を曲げてバーベルをつかみ、立った姿勢に戻る。バーベルが太ももの真ん中あたりに軽く触れている状態にして、ほんの少しだけ上体をうしろに反る
- 脛の真ん中か床までバーベルを下ろす。自分の筋力と可動域に合わせること

負荷をかけたスクワット

　私はスクワットが大好きだ。スクワット中に使わない筋群など私には思いつかない。そのため、スクワットをすると心肺機能にも負荷がかかる。スクワットほど身体が筋肉を連続してなめらかに動かせるものはない。その効果は絶大で、恩恵もはかりしれない。お好みで、バーベルではなくダンベルを使ってもかまわない。

- バーベルの前に立ち、順手に握る。バーベルの高さは首のあたりにする
- 足を肩幅に開き、順手でバーベルを慎重に持ち上げ、肩の高さで保ち、正面に視線を向けたまま2歩下がる
- つま先は軽く外側に向ける
- お尻を突きだしながら、太ももが床と平行になるまでしゃがむ
- 下げきったところで一瞬止まり、スタートポジションに戻る

懸垂

　自重を使い、バーの上まで身体を持ち上げるよりいいトレーニングがあるだろうか？　体脂肪を数キログラム落とし、もう少し筋力をつけたら、懸垂が前よりもずっと簡単になるだろう。懸垂はとても見栄えがして、やる気が出るトレーニングだ。

■ 順手で懸垂バーを握る。両手の間隔は肩幅より少し広めにとる

■ 足首を交差させ、踵を床と垂直の角度になるように上げる。こうすることで、身体がグラつくのを防ぎ、正しい筋肉を使える

■ 顎がバーの少し上にくるまで身体を持ち上げ、スタートポジションに戻る

■ このトレーニングが難しい場合、懸垂バーと足の下にチューブをつける。そうすると、チューブが補助してくれるので、自重をすべて持ち上げなくてもよくなる。あるいは、懸垂バーの下にベンチかイスを置いてもいい。そうすると、跳び上がってからゆっくりと身体を下ろしていくトレーニングができる

ジョン・クラシンスキー

ディップス

　懸垂のようにディップスも自重を利用して筋力がつき、いい気分になれ、自分の成長をはかる基準としても最適だ。自分の身体を下ろし、スタートポジションに戻せるのは最高の気分になる。

- ベンチなど安定したものの端に両手を置く。手の位置は身体のうしろ、肩幅くらいに開く。両脚を上げる。腰の高さに上げるほうがいい
- 肘の角度が90度になるまで身体を下ろす
- 腕を押し返して、スタートポジションに戻る
- 力を入れるとき、忘れずに息を吐く

ジョン・クラシンスキーのトレーニング

負荷をかけたベンチプレス　25回

有酸素運動

負荷をかけたベンチプレス　20回
負荷をかけたデッドリフト　20回

有酸素運動

負荷をかけたベンチプレス　15回
負荷をかけたデッドリフト　15回
負荷をかけたスクワット　15回

有酸素運動

負荷をかけたベンチプレス　10回
負荷をかけたデッドリフト　10回
負荷をかけたスクワット　10回
懸垂　10回

有酸素運動

負荷をかけたベンチプレス　8回
負荷をかけたデッドリフト　8回
負荷をかけたスクワット　8回
懸垂　8回
ディップス　8回

有酸素運動

『ドクター・ストレンジ』
ベネディクト・カンバーバッチの
トレーニング

　カンバーバッチはかなり役に合わせる人で、どんな役でもその性格や雰囲気に合うよう身体的特徴を変える。映画ごとに必ずトレーニングを調整し、新しいことに挑む。たとえば、『ドクター・ストレンジ』のような役のためには身体を大きくしたが、『イミテーション・ゲーム／エニグマと天才数学者の秘密』のような作品では体重を減らしただろう。カンバーバッチには、誰もが人生で求めるべき多様性が生まれつき備わっている。私たちもみな、新しいことを試したほうがいい。

　時間は朝早かったり夜遅かったりしたが、カンバーバッチは忙しくても必ずトレーニングに現れた。彼とのトレーニングでは時間と効率がとても重要だった。その多忙を極めるスケジュールに合うよう私はトレーニングを調整した。これはまちがいなく、あなたにも必要なことだろう。

　ベネディクト・カンバーバッチにとって『ドクター・ストレンジ』は最初のマーベル作品となったが、これは誰のキャリアにとっても重大なものだ。ご存じのとおり、マーベル・シネマティック・ユニバース作品では特定の要求と期待がかかるため、かなり負荷が高い。高い運動能力と豊富な運動量が求められるだけでなく、アクションシーンも多い。それらはベストな状態でも難易度が高いのに、動きが制限される衣装を着るのでさらに難しくなる。

　私は初日から、カンバーバッチなら初めてのマーベル作品にもしっかりと楽々対応できるとわかっていた。彼の能力と努力が並はずれていたからだ。私は3〜4カ月かけて、彼を動けるようにし、役にふさわしい外見と雰囲気に変え、現場で求められることをなんでもできるようにした。カンバーバッチはこだわりが強かったが、ほとんどすべてにおいて私を信頼し、映画に向けて適切なコンディションと外見になるために必要なことを労をいとわずやってくれた。

　監督がカンバーバッチに求めたのは、その役のライフスタイルからできあがったように見える身体だった。私たちは続編の『ドクター・ストレンジ／マルチバース・オブ・マッドネス』のためにもこうしたトレーニング計画を踏襲した。

アクティベーションと有酸素運動

　カンバーバッチは100メートル走がかなり速かったので、私は有酸素運動のトレーニングの一環として、陸上トラックでスプリントするメニューを組み、少しずつ負荷を上げていった。まずは100メートルを40パーセントの力で走るよう伝え、2セット目は60パーセント、3セット目は80パーセント、最後は全力で2本走ってもらった。陸上トラックを離れ、かわりに坂道をダッシュすることもあった。このトレーニングの最後には、たいてい彼の自宅まで走って帰り、クールダウンして、ストレッチと水分補給をした。

ベネディクト・カンバーバッチの 5-2 トレーニング

平行棒を使ったディップス

　私が平行棒を使うのを気に入ったのは、公園にちょっとした使える器具があったからだ。平行棒のすばらしいところは、完全に自重を使ったトレーニングができることである。そのため、これは筋肉量、筋力、能力向上に理想的だ。

- 通常、平行棒に乗るのが一番大変だ。腕をまっすぐ伸ばし、脚を90度に曲げ、足首はうしろで交差させ、肘の角度が90度になるまで身体を下ろす
- 腕をまっすぐ伸ばしてスタートポジションに戻る
- ぐらついたりせず、安定してできる回数だけ行う。疲れてきたら、足か足首をチューブに乗せて軽くする。そうすれば、なんとかあと数回できるだろう（トレーニングを始める前にチューブをつけておくと楽になる）

プッシュアップハンドルを使った腕立て伏せ

　自重を使うのは自分の成長をはかるのに最適だ。これは簡単でコント
ロールしやすい。また、ケガをするリスクの高い動きをしないので、か
なり安全だ。

***

- このトレーニングは平行棒、プッシュアップハンドル、ダンベルなど
  を使ってもいい。手首をまっすぐ伸ばすことで、身体を深く沈めて腕
  立て伏せができるだけでなく、負荷をかけ、動きも増える
- プッシュアップハンドルをつかみ、首と背中は必ずニュートラルにし、
  体幹に力を入れ、尾骨を引っ込めておく。足は肩幅に開く
- ハンドルの少し下まで胸がくるように身体を下げ、スタートポジショ
  ンに戻り、腕をまっすぐ伸ばす

懸垂

　懸垂もまた成長をはかるのに適している。どんなものでも自重を使った運動はやりがいがあり、筋肉をつけるのに役立つ。

- 順手で懸垂バーを握る。両手の間隔は肩幅より少し広めにとる
- 足首を交差させ、踵を床と垂直の角度になるように上げる。こうすることで、身体がグラつくのを防ぎ、正しい筋肉を使える
- 顎がバーの少し上にくるまで身体を持ち上げ、スタートポジションに戻る
- このトレーニングが難しい場合、懸垂バーと足の下にチューブをつける。そうすると、チューブが補助してくれるので、自重をすべて持ち上げなくてもよくなる。あるいは、懸垂バーの下にベンチかイスを置いてもいい。そうすると、跳び上がってからゆっくりと身体を下ろしていくトレーニングができる

足を上げたトライセップディップス

　このトレーニングは上腕三頭筋に効くだけでなく、肩関節包のストレッチにも適している。片足でもできるので、調整しやすい。カンバーバッチの場合はウェイトベストを着て、負荷をかけて行った。上級者向けのトレーニングをしていて強度を上げたいのなら、少し上のほうを向いてから、ほとんどうしろが見えるくらい首を上げるといい。

■ ベンチなど安定したものを身体の前後に用意し、うしろのベンチの端に両手を置く。手は肩幅くらいに開く。足と足首は前に置いたベンチに乗せる。できれば腰よりも高くする
■ 肘の角度が90度になるまで身体を下ろす
■ 腕を押し返して、スタートポジションに戻る
■ 力を入れるとき、忘れずに息を吐く

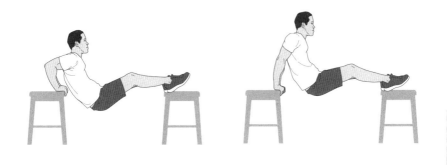

TRXを使ったバイセップカール

　TRXは汎用性が高い器具だ。体勢を変えることで自重のかかる度合いを変えられるため、負荷を調整できる。このトレーニングは、ごく自然な動作を行いながら、身体の力を最後の10パーセントまで使い果たし、それ以上もう1回もできない状態まで追い込めるため、最後を飾るのにふさわしい。

- 逆手でグリップを持ち、適当な自重をかけて、手の平を額まで持ってくる
- 上腕二頭筋に力を込め、腕をまっすぐ伸ばしてスタートポジションに戻る
- 負荷を上げたければ、足を前に出し、後方に身体を傾ける。負荷を下げたければ、足を自分の近くに戻し、ほとんど垂直に立った姿勢になる

ベネディクト・カンバーバッチのトレーニング

平行棒を使ったディップス　25回

有酸素運動

平行棒を使ったディップス　20回
プッシュアップハンドルを使った腕立て伏せ　20回

有酸素運動

平行棒を使ったディップス　15回
プッシュアップハンドルを使った腕立て伏せ　15回
懸垂　15回

有酸素運動

平行棒を使ったディップス　10回
プッシュアップハンドルを使った腕立て伏せ　10回
懸垂　10回
足を上げたトライセップディップス　10回

有酸素運動

平行棒を使ったディップス　8回
プッシュアップハンドルを使った腕立て伏せ　8回
懸垂　8回
足を上げたトライセップディップス　8回
TRXを使ったバイセップカール　8回

有酸素運動

『キングコング：髑髏島の巨神』トム・ヒドルストンのトレーニング

　ヒドルストンは負けず嫌いだが、ほかの人に対してだけでなく自分自身に対しても負けたがらない。それはすばらしい心がけだ。彼は、懸垂を何回できるか、トレーニングの1RMがどれぐらいか、5キロのランニングをどれぐらいのタイムで走れるかなどを基準にして、自分を評価していた。あなたも自分に挑戦を課すことを恐れてはいけない。

　『キングコング：髑髏島の巨神』の準備は本当に厳しかった。しかし、ヒドルストンはその挑戦を気に入り、どんなことにもみずから挑んだ。楽ではないことも多々あったが、彼はいつもならやらないことでもしっかり受け入れた。この作品のための身体づくりに対する彼のモチベーションの高さからは、誰もが勇気をもらうだろう。

　ヒドルストンは負荷や苦痛を歓迎し、苦しければ苦しいほど満足しているようだった。どのトレーニングでも吐きそうになるまでやっていた（とはいえ、もちろん、私はこうしたやり方をお勧めしない！）。『キングコング：髑髏島の巨神』（キングコングの現代版リメイク）のためにヒドルストンの計画を立てたとき、彼は私に「目標を達成できるなら、楽ではなくても喜んで受け入れる」と言った。実際に、彼はその強度に耐えられた。私は映画業界で20年以上にわたって計画を立ててきたが、そのなかでもヒドルストンのトレーニングが最も厳しかったかもしれない。

　だが、ヒドルストンができるだけたくさんの筋肉をつけようとするなら、容赦なくならざるを得なかった。私たちは負荷をかけた複合トレーニングを行い、それを厳しくしていった。もうできないところまで追い込み、そこからフォースト・レップス［自力で限界までやったあと、トレーニング・パートナーが負荷をいくらか引き受けて補助し、あと数回行えるようにすること］をする必要があった。ヒドルストンはいつも喜んでそうしていた。それが本作の役を演じるのに役立つと感じるのであれば、彼はバーベルにウェイトを付け足し、その負荷に耐えるのをいとわなかった。

　ヒドルストンは、キングコングのためのトレーニングを始める前に、すでにかなり高いレベルでトレーニングをしていた。生まれもった才能と若いころからかなり活発だったおかげだ。子どものころ、ヒドルストンはあらゆるスポーツをたしなみ、優れたアスリートだった。彼はラグビー選手としてもクロスカントリーの選手としてもすばらしかった。そのため、それらのスポーツの経験がアクション映画の運動能力に役立った。

　キングコングの準備期間中、ヒドルストンはテレビドラマ『ナイト・マネジャー』にも出演していた。そうした状況だと、私は、俳優の見た目が変わりすぎないよう神経を使わないといけない。進行中の作品の流

トム・ヒドルストン

れに支障をきたすかもしれないからだ。そこで、筋肉をつけやすくするために、私たちはタンパク質に重点を置いてカロリーを増やしていった。

　ほかにも、ヒドルストンがランニングにかける時間を減らすよう調整しなくてはならなかった。彼にとって走るのは比較的楽なことで、気分転換のようなものだった。彼は朝、楽しく10キロ走ることもあった。だが、筋組織がエネルギーとして燃焼される異化作用が起きるのを避けるため、私はそれを止めなくてはならなかった。そのため栄養をきちんと摂らなくてはならなかった。そうしないと、筋肉を育てた激しいトレーニングの多くが無駄になってしまう。それでも、ヒドルストンは走るのが好きだったため、私はランニングを奨励しつつ、短くても強度の高いランニングにするよう頼んだ。

　今回私が、負荷をかけたインクライン・ダンベルプレス、ダンベルスクワット、座って行うショルダープレス、デッドリフトを最初の4つのトレーニングに選んだのは、これらが**負荷のかかる複合トレーニングであり、筋肉をつけるのに効果的な方法**だからだ。

　私はジムのホワイトボードにヒドルストンのデータの数値を書き、数週間にわたって、彼のウェイトや回数の最大値を常に確認できるようにした。私にとって、この映画に関する基準は、彼が持ち上げられた重量、消費したカロリー、身体についた筋肉量だった。

アクティベーションと有酸素運動

　ヒドルストンは私によく「さっと5キロ走ってくるから、ここにいてくれ」と言っていた。彼が戻ってくるまでに準備しておけるので、これは私にはありがたかった。

　熱心なランナーではない人は、チューブを使ったりジャンピングスクワットをしたりして、筋肉を活性化させ刺激を与えてもいい。気分よくなれたり、準備運動代わりになったりするのなら、いつもそれをやるといい。

トム・ヒドルストンの 5-2 トレーニング

負荷をかけたインクライン・ダンベルプレス

　このトレーニングは、筋力がしっかりつくだけでなく引きしまった身体になる。ベンチを上下に傾けたり平らにしたりすると、トレーニングのポイントと効果のある筋群が決まる。ベンチを上に傾けると、胸筋の上部によく効くだけでなく、肩まわりにも効果がある。

- トレーニングごとに重点的に使う筋群を変えるため、ベンチの角度を変える。25～45度なら何度でもかまわない
- 床から取ったダンベルを膝に置き、いくらか勢いをつけて持ち上げて、所定の位置にかまえる
- ダンベル同士が軽く触れるまで胸の上のほうに持ち上げる
- 肘が90度になるまでダンベルを下ろし、胸筋がいい具合に伸びるのを感じる
- ダンベルを胸の上方のスタートポジションに戻し、腕をまっすぐ伸ばす
- ダンベル同士が軽く触れるよう持ち上げる

トム・ヒドルストン

負荷をかけたダンベルスクワット

　このトレーニングはこれだけで一度に全身を使えるので、あらゆるトレーニングのなかでも特にすばらしい。スクワットを始めるためにダンベルを拾い上げる瞬間から、このトレーニングを行うために身体はすべての筋群を使って力を生み出す。スクワットを実行するのに必要なエネルギーはとても大きい。

- 足を肩幅に開いて、つま先は軽く外側に向けて立つ。ダンベルはそれぞれ足の横に置いておく
- 背中と首をニュートラルにしたまま、しゃがんでダンベルを拾い上げる
- 体幹を使い、臀筋とハムストリングスに力を入れる。ゆっくりと膝を伸ばしていき、骨盤を軽く傾けたところで1回となる
- スタートポジションに戻る。ダンベルを床につけるまでしゃがむのが好ましいが、太ももが床と平行になればそれでかまわない

座って行う負荷をかけたショルダープレス

　このトレーニングは、大きな筋肉を使う複合トレーニングであり、成長をはかるのに最適な方法であるだけでなく、好きなようにいろいろ変えることができる。体幹などの安定筋群を副次的に使うので、姿勢がとても重要になる。手の位置もいろいろ変えて、手の平を自分に向けて行ったり（これはアーノルド・シュワルツェネッガーにちなんで、「アーノルドプレス」という）、手を反対に向けてもっと一般的なショルダープレスを行ったりしてもいい。

■ ベンチに座ったままダンベルを床から拾い上げ、膝の上に置く

■ 少し勢いをつけてダンベルを所定の位置にかまえる際、できればトレーニング・パートナーや「補助者」にうしろにいてもらったほうがいい

■ 1回目にダンベルを頭上にかまえるときは、トレーニング・パートナーなどに補助してもらう。ダンベル同士が軽く触れるようにする

■ 肘が90度になるまでダンベルを下ろす

■ ほかのトレーニング同様、力を入れるときに息を吐くようにする。そうすると、もっと力が入るようになる

トム・ヒドルストン

負荷をかけたデッドリフト

　このトレーニングにはさまざまなかたちがあり、握力などの筋力をつけたり、全身の筋肉をつけたりするのに最適だ。ダンベルを使ってもバーベルを使ってもかまわない。床からバーベルを持ち上げる、脛の真んなかから始める、膝の下からスタートするなど、スタートポジションもいろいろ選べる。バーベルを使いながら、プライオメトリクスや腕立て伏せなど、別の要素を加えてもいい。

- 足を肩幅に開き、バーベルの前に立つ。つま先は前方に向ける。視線はまっすぐにする
- しゃがんで片手は順手にし、もう片方の手は逆手にしてバーベルを握るほうがいい。そうすると、力が出るし、コントロールしやすいからだ
- 背中と首をニュートラルポジションにし、上体を曲げてバーベルをつかみ、立った姿勢に戻る。バーベルが太ももの真ん中あたりに軽く触れている状態にし、ほんの少しだけ上体をうしろに反る
- 脛の真ん中か床までバーベルを下ろす。自分の筋力と可動域に合わせること

最後に行うトレーニング各種

私はトレーニングの最後に、トライセップディップス、腕立て伏せ、サイドレイズなどいくつかのメニューをしたい。そうすると、特定の筋群が疲れきって、もうできなくなるところまで追い込めるからだ。こうしたトレーニングでは失敗を恐れないようにする。そうすることでしか、できるようにはならないのだから。

トライセップディップス

- ベンチなど安定したものを身体の前後に用意し、うしろのベンチの端に両手を置く。手は肩幅くらいに開く。脚と足首は前に置いたベンチに乗せ、できれば腰よりも高い位置にする
- 肘の角度が90度になるまで身体を下ろす
- 腕を押し返して、スタートポジションに戻る
- 力を入れるとき、忘れずに息を吐く

腕立て伏せ

- 四つんばいで手を肩幅に開いて床に置き、足を伸ばしてつま先を立てる
- 初めてやる人やそこまで筋力がない人は、膝の上部を床につけ、足首をうしろで交差させて始める
- これが楽だと感じる人は、もう少し手首を守るために、ダンベルを持ってやってもいい。こうすると、手首がまっすぐになり、さらに身体を下げられるようになる
- 肘が90度になるまで身体を下げる。ダンベルを2つ使っている場合はもっと下げる

トム・ヒドルストン

■ 腕立て伏せをしてスタートポジションに戻る。力を入れるときに息を
吐くこと
■ 負荷を上げるためには、膝を床から離し、背中と首をニュートラルに
して、同じ動作をする

サイドレイズ
■ 軽く肘を曲げておき、耳か肩の高さまでダンベルを横に上げる
■ スタートポジションに戻す

トム・ヒドルストンのトレーニング

負荷をかけたインクライン・ダンベルプレス　25回

有酸素運動

負荷をかけたインクライン・ダンベルプレス　20回
負荷をかけたダンベルスクワット　20回

有酸素運動

負荷をかけたインクライン・ダンベルプレス　15回
負荷をかけたダンベルスクワット　15回
座って行う負荷をかけたショルダープレス　15回

有酸素運動

負荷をかけたインクライン・ダンベルプレス　10回
負荷をかけたダンベルスクワット　10回
座って行う負荷をかけたショルダープレス　10回
負荷をかけたデッドリフト　10回

有酸素運動

負荷をかけたインクライン・ダンベルプレス　8回
負荷をかけたダンベルスクワット　8回
座って行う負荷をかけたショルダープレス　8回
負荷をかけたデッドリフト　8回
最後に行うトレーニング各種　各8回

有酸素運動

『ジュラシック・ワールド』 ブライス・ダラス・ハワードの トレーニング

　筋力やスピードを基準にしなくてもいい。ブライスの最大の目標は安定性とバランス感覚を向上させることだった。トレーニングを始めた当初、彼女には地面に片足で立つのがとても難しかった。だが、『ジュラシック・ワールド』のためのトレーニング後、彼女は目をつぶっていても、バランストレーナーの上に支えなしで片足で立つことが楽々できるようになった。ブライスは興奮を隠せなかった。これこそ大きな成長の証だ。

　トレーニングの最初でも最後でも、ブライスはいつでも笑顔で、笑いを絶やさなかった。いくつかのトレーニングがとても楽しいといつも私に伝えてくれた。その前向きな姿勢のおかげで、彼女はトレーニングから最大限の効果を引き出せたのだろう。

　ブライスはハイヒールを履き、白いスーツを着て、何カ月も恐竜に追いかけられて走っているようだった。シナリオに入りこむには、まずコンディションを整え、準備しなくてはならない。

　『ジュラシック・ワールド』のようなアクション映画の撮影では、1日かけても1分くらいしか使える尺がないという。俳優は1日12〜14時間も撮影に臨み、ジャングルのなかを走り抜けたり、トラックに飛び乗ったり飛び降りたり、車の下に飛びこんだり、Tレックスを撃退してまわったりする。それだけやっても、日によっては、撮れ高が60秒もないこともある。

　『ジュラシック・ワールド』の制作準備段階と撮影期間中、ブライスはかなりの運動能力を求められた。恐ろしく長く、過酷な撮影が半年近く続き、彼女は来る日も来る日も午前6時から午後6時までは撮影現場にいたようだ。こうしたスケジュールでは、体調管理の方法を知っておかなくてはならない。そうしないと、とてもやり通せない。私の主な目標は、俳優たちが負うかもしれない痛みやケガを最小限に抑え、体調不良にならないようにすることだ。スケジュールには体調を崩しているような余裕はない。

　映画の撮影中は健康であるほど、撮影が楽しくなる。こうした大作の撮影時に一番避けたいことは毎日毎日、疲労困憊することだ。というのも、自分にはできると感じなくなると、途端に自信がなくなってくるからだ。自信がない状態で現場に現れると、それがスクリーンにも映りかねない。

　ブライスの制作準備中の計画では、かなりの時間、私はイギリスに、彼女はアメリカにいたので、オンラインでトレーニングを行った。私は彼女のジムに行ったことがあり、その場所も使える器具もよく知っていたので、このやり方はうまくいった。ブライスがスマートフォンを台にセットしたので、私は彼女のトレーニングをしっかり確認できた。見本を示すときには、私も同じようにセッティングした。オンラインでも、彼女は熱心に取り組み、まるで実際に私がジムでそばにいるかのような

ブライス・ダラス・ハワード

やる気を見せた。トレーナーとしては、相手がこれほど熱心だと、全体のプロセスがずっと楽になる。

　今回は、ブライスが筋力をつけコンディションを整えられるよう私が考案した、足に重点を置くトレーニングを紹介する。これは、上半身の筋力をつけるトレーニング、動的ヨガの動き、いくつかのピラティスを含む総合的な身体づくりの一部だ。人はいつも見た目について話すが、ブライスとのトレーニングではそれについてまったく考えなかった。私たちの目標ではなかったからだ。私は、ブライスが本作で演技をできるようにしたかっただけで、彼女の脚の見た目がどのように変わろうと、それは彼女が筋肉をつけコンディションを整えた副産物でしかなかった。私は撮影前の約半年間ずっとブライスのトレーニングを受けもった。そして、彼女はスタントルームや現場で求められることをすべてできるようになった。

アクティベーションと有酸素運動

『ジュラシック・ワールド』のためのアクティベーションは動物のようにするのがぴったりだと思った。ブライスは、ベアクロール、サイドクラブウォーク、コブラやダウンドッグといったヨガの動きを行った。ブライスのアクティベーションは、身体がなめらかに動くようにと、動的なものにした。メニューとして、ローイング、ランニング、エアロバイク、プライオメトリクスを行った。

ブライス・ダラス・ハワードの 5-2 トレーニング

チューブを2本使ったトレーニング

　このトレーニングから始めたのはほかのものより少し簡単だからだ。そのため、ブライスがこれを行っている最中に雑談ができ、その日の彼女の気分を推し量るのに役立った。チューブを使うと、筋群に対して一定の負荷を均一にかけることができるので、私は気に入っている。

- 1本のチューブは足首あたりに、もう1本のチューブは膝の少し上につける
- 膝を少しやわらかくするか曲げるかして、まずは横方向に動く。どちらかに10歩進み、10歩戻る
- そのままボックスステップをする。足を肩幅に開いたまま、まず左足を前に出し、次に右足を前に出す
- 腰を落としスクワットの姿勢をとる。膝はやわらかくするか軽く曲げておく。片足を30センチくらい横に出して、軽くスクワットをし、最初の姿勢に戻る。一方向に10回やったら、反対方向も10回行う

バランストレーナーを使ったゴブレットスクワット

　Ｔレックスから走って逃げるあいだ、ブライスがハイヒールを履いているとしたら、かなりの安定性が必要となるが、彼女はそれをこのトレーニングで身につけた。

- 平らな面を上にしたバランストレーナーの上に乗り、足を肩幅に開いて、ケトルベルやダンベルを胸の前で持つ
- 通常のスクワットを行う。膝が90度になるまでしゃがむ
- 関連する筋群すべてに力を入れる
- 膝をやわらかくしたままスタートポジションに戻る

バランストレーナーを使ったスプリンターランジ

　このトレーニングでは、バランストレーナーを平らな面を上にして使い、不安定な状態にする。これは従来の床で行うトレーニングよりもかなり進化している。

- 平らな面を上に向けたバランストレーナーの真ん中に片足を乗せる。もう片方の足は、両足が平行になるようにして、後方に下げる。両手の指をバランストレーナーの端に置き、クラウチングスタートのような姿勢をとる
- うしろの脚を勢いよく前に出して立ちあがり、膝を持ち上げる。すると、片足で立つことになる
- スタートポジションに戻る。そのとき、足は真うしろにあり、指はバランストレーナーに触れた状態になる
- 足を入れかえ、同じことを行う

バランストレーナーを使ったステップオーバー

　バランストレーナーのやわらかい面を上にして使うこのトレーニングは、横方向の動きと弾みをつけた動きに最適だ。心拍数も上がるため、有酸素運動の効果もある。身体を左右に動かせるので、さまざまな動きをするのにも適している。

- バランストレーナーのやわらかい面を上にして置く。その横に立ち、片足を真ん中に乗せる
- バランストレーナーの反対側に跳び越えて、置いていた足を入れかえる
- 反対側に足が着地したと同時に、軽くスクワットをする
- また最初にいたほうに跳ぶ
- 手を身体の前で握り、しっかりと胸を張り、この動作をリズミカルに行う

バーピージャンプ

　私はこのトレーニングには軍隊にいたころから馴染みがあり、これが
どれほどきつくなるかは身に染みている。かなりダイナミックなトレー
ニングなのだ。すぐに地面から起き上がって立つ動作を求められること
は、映画の撮影ではたくさんあるのでとても役立つ。最後に、ブライス
には頭上で手を叩き、何かおもしろいことを叫ぶよう頼んだ。手を叩い
て叫ぶのは、トレーニングにユーモアの要素を加えるために採用した。
おまけに、私も回数を数えるのが簡単になった。

- 足を肩幅に開き、手の平が床につくまでしゃがむ
- 両脚を同時に後方にさっと伸ばす
- すぐに両脚を戻して、膝を胸に近づけ、立ちあがってジャンプする
- 頭上で手を叩く
- スクワットの姿勢に戻る

ブライス・ダラス・ハワード

ブライス・ダラス・ハワードのトレーニング

チューブを2本使ったトレーニング　25回

有酸素運動

チューブを2本使ったトレーニング　20回
バランストレーナーを使ったゴブレットスクワット　20回

有酸素運動

チューブを2本使ったトレーニング　15回
バランストレーナーを使ったゴブレットスクワット　15回
バランストレーナーを使ったスプリンターランジ　各15回

有酸素運動

チューブを2本使ったトレーニング　10回
バランストレーナーを使ったゴブレットスクワット　10回
バランストレーナーを使ったスプリンターランジ　各10回
バランストレーナーを使ったステップオーバー　左右各10回

有酸素運動

チューブを2本使ったトレーニング　8回
バランストレーナーを使ったゴブレットスクワット　8回
バランストレーナーを使ったスプリンターランジ　各8回
バランストレーナーを使ったステップオーバー　左右各8回
バーピージャンプ　8回

有酸素運動

PART 1
トレーニング

PART 2
リカバリー

PART 3
ニュートリション

10 リカバリーはトレーニングと同じくらい重要である

　多くの人がほぼすべての重点をトレーニングに置くが、実際のところ、身体づくりに関してはリカバリーも同じように重要になる。回復なくして成長はない。リカバリーの計画がトレーニングの計画と同じくらい大事だと認めることから始めよう。

　このことをきちんと理解していたのがクリス・プラットだ。『ガーディアンズ・オブ・ギャラクシー』とジュラシック・ワールドシリーズの準備をしているとき、彼がトレーニングとリカバリーについて完璧に理解しているのがわかった。プラットは身体の声をしっかりと聴き、特に長時間トレーニングしているときや短時間でも強度の高い激しいトレーニングをしているとき、それ以上追いこめないことを認めた。それがわかること、トレーニングにまた取り組めるようリカバリーの計画を熱心にしっかり実践する姿に私は感心した。
　スポーツ経験のなさそうなクライアントの場合、リカバリーの重要性を伝えないとならない。たとえば、スター・ウォーズ作品のためにジョン・ボイエガをトレーニングしていたとき、このことについてたくさん話し合った。スター・ウォーズ作品の撮影が終わるころ、彼は、スポーツ界でアスリートがいつも直面することを、実際に経験を積んで理解した。結局のところ、**大事なのはどれだけトレーニングしたか、どれだけ**

厳しく行ったかではなく、どれだけうまくリカバリーしたかだ。

　迅速かつ効果的に回復できればできるほど、翌日の気分もよくなる。トレーニングをすると、毒素と酸性物質が生成される。適切な範囲で効果的にトレーニングしていれば、身体が対応して毒素を排出してくれる。

　しかし、自分の能力以上に負荷をかけてトレーニングしだすと、そうした物質がさらに生成され、身体はそれらを取り除こうと格闘する。筋組織内に物質が残り、筋肉痛が生じる。身体にとって毒素と酸性物質を生成するのはふつうのことなので、大切なのはそれにどう対処できるかだ。さまざまなリカバリーの方法を使ってそうした物質を効率的になくせたら、再びトレーニングする準備が整う。リカバリーが継続可能な身体づくりの計画のポイントになる。『ノー・タイム・トゥ・ダイ』の計画の最中、私はクレイグに1週間に1回「リカバリーだけ」の日を必ず設けた。スコットランドでの撮影のときは特に身体のことが問題だった。でこぼこの地面を走るシーンをたくさん撮っていたので、リカバリーのバランスを適切にするのが余計に大切になったのだ。

　本パートでは、私の経験からリカバリーの一番いい方法を紹介する。そこには、身体の自然なプロセスを促し、子どものようにトレーニングすると同時に、祖父母のように回復しないといけない理由も含まれている。睡眠に関しても大きな部分を占めるのは、**あらゆるリカバリーの方法のなかでも睡眠が最も重要だからだ。**よく眠れたらしっかり回復する。リカバリーのやり方と対処によって、身体だけでなく心にもいい影響が生まれる。それは、身体が癒えるのを助けているあいだに、精神的な疲労も取り除かれているからだ。

リカバリーを計画に組み込む

　トレーニングをさぼらないのなら、リカバリーもさぼらないようにしたい。リカバリーはトレーニング計画に必要不可欠なものだ。回復する

ために何かしないとけないと意識すらしないのが理想になる。いまのところ問題がなくても、適切に回復することは欠かせない。計画の一環として自然に行うほうがいい。

俳優が映画の撮影に備えるとき、回復は常に予防の手段になる。あなたも同じように取り組むといいだろう。痛くなってからリカバリーを考えるのでは意味がない。そもそも痛くならないようにするのだ。それには予防が鍵となる。何かしらの処置や時間をかけてストレッチや瞑想をする選択肢がある場合、必要と思うかどうかにかかわらず実践する。短期的な目標に目を向けてはいけない。これは長期的な目標を継続するためのものだ。うまくすれば起こらなくて済む疲労やケガのリスクを減らしたり防いだりするのが大事になる。

リカバリーは1週間を締めくくるのに最適で、そうすることでベストな状態になり、翌週に備えることができる。とはいえ、必ずしも日曜日に行わなくてもいい。いつやるかは好きなように決められる。リカバリーを予定していた日に元気いっぱいだとしたら、かわりにトレーニングを全力でしてもかまわない。

同じように、**身体の状態がよくなかったり精神的に少し疲れていたりして、トレーニングに向けて万全ではなかったら、勇気と信念をもって、（罪悪感を抱かず）リカバリーに切りかえる。これこそが「スマートな身体づくり」だ。**

何もかもを柔軟にしておき、気分が乗らないようなときは計画に縛られないほうがいい。自分で実践するかぎり、リカバリーに変えるのはとても簡単で、その日の体力と気分を最大限活かすことだ。

積極的なリカバリー

リカバリーはトレーニングとして捉えたほうがいい。リカバリーは何もしないわけではない。積極的なリカバリーでは、いつものトレーニングを補うために、多様で効果的なことを行うのが大切になる。動的ヨガ

や水泳をすることもあれば、家族と自転車に乗ったり、テニスやゴルフ
をしたりすることもある。いつもやっていることや考え方を忘れ、気分
転換になるようなことをする。**自然は気晴らしになり、新鮮な空気や刺
激が得られるので、積極的なリカバリーは屋外で行ったほうがいい。**

　あなたは、私が1日中家で座って過ごすよう勧めないのを不思議に
思っているかもしれない。その理由は、肉体的にも精神的にも何もかも
を遮断するのが必要だと私が思わないからだ。積極的なリカバリーをす
ると、心身共にゆったりとでき、心拍数も少し上がるため、生きている
実感も保てる。日曜の午後にはアスリートの昼寝をしてもいいが（昼寝
については次のパートで詳しく触れる）、主に外に出て、何かしら積極
的なリカバリーをするほうがいい。

　私たち陸上生物は、水の中にいると、馴染みのない環境にいるような
心地がすることがある。しかしだからこそ、気分転換にもなり、治療の
効果もあるのだ。水というのは驚くべきもので、身体にさまざまないい
影響を与えることができる。プールに入れば、水のおかげで自重が相殺
される。たとえば、腰まで水に浸かっていると、自重の約50パーセン
トが水で支えられる。胸まで浸かれば約75パーセント、肩まで浸かれ
ば80〜90パーセントになる。多くの人が無重力になったように感じる。
水のおかげで身体からストレスが解消され、健康的な感覚が得られる。

　プールに入ると、筋肉に負荷をかけすぎずに水の抵抗を感じる。その
ため、痛む筋肉や関節を動かすことができる。プールがリハビリに最適
なのは、痛めた筋肉や関節にとって安全な環境だからだ。

　同様に、水圧の効果を活かすと、腫れが引いたり、ちょっとした痛み
がやわらいだりする。身体にかかる圧が減るからだ。また、水を負荷と
して使うと、負担をかけずに強度の高いメニューを行えるので、ケガの
リスクを冒さずに心拍数を上げられる。そのため回復が速まる。

プロセスを速める

　回復には、まず睡眠と栄養が必要であり、一定の時間待たなくてはならない。このように、昔からの決まりごとがたくさんある。しかし、さまざまな方法を駆使して、回復のプロセスを速めるようにしたい。そうすると、どんどん元気になって新鮮な気持ちになり、次のトレーニングの効果を最大限発揮できる。回復するために1週間以上休みたいと感じることなどあってはならない。きちんとバランスが保たれていれば、トレーニングを通じてエネルギーがなくなるのではなく、エネルギーが生まれるだろう。すぐに腫れや苦痛を緩和し、（遅発性筋肉痛の原因となる）乳酸を減らすだけでなく、痛みや張りを軽減するのが最優先だ。

　私は「苦労なくして成長なし」とか、成長しているかどうかをはかるのに痛みを基準にすることを信じない。そうした考えは成長を妨げるだけだ。**できるかぎり最高のかたちで自然に回復するよう、適切な体制を整えることがすべてだ。**本書に書かれたほかのことと同様、あなたは自分に合った方法を見つけなくてはならないが、ここで、私がクライアントに用いた処置をいくつか紹介する。私はリカバリーのプロセスを3つに分けたい。

- 人の手による処置と処方された治療
- 科学技術を使ったリカバリーの補助
- 冷水治療

人の手による処置

　マッサージ師、柔道整復師、指圧師など人の手による処置は、リカバリーの意味で役立つだけでなく、予防の観点からも効果的だ。ほとんどの治療の専門家は、将来起こる問題、ケガ、アンバランスさなどを特定し、その兆候を伝えてくれる。自分でも気がついていない問題を感じと

り、見つけ、特定してくれるのだ。

　身体づくりを始める前にこうした専門家に診てもらうことを考えていなかった場合、少し贅沢なことに思えるかもしれない。だが、大きな問題が起こる前にそれを見つけて芽を摘んでおくことほどいいことはない。客観的な意見とリカバリーに人の手を借りるのはとても有益だ。

　ほとんどの俳優にとって処置を受けることは重要だが、アクション映画制作では特にそうなる。『オールド・ガード』のシャーリーズ・セロンや『アナイアレイション──全滅領域──』のナタリー・ポートマンのように、武器や器具を扱い、運動量が多く、かなり身体を使う映画に出る俳優と仕事をしているとき、迅速にリカバリーに対処できなくてはならなかった。

　人の手による処置に費用をかけたくなかったら、10種目を10回ずつ行う動的ストレッチをしっかりやるのがお勧めだ。動的ストレッチをすると、目標とする筋群の血流が促進され、筋繊維がほぐされ、毒素が取り除かれ、筋肉痛がやわらぎ、回復が進む。時間に余裕があれば、全体の手順を1〜2回通して行ってもいい。週の最後にこれをするのが私のお気に入りだ（動的ストレッチの説明については47ページの「活性化（アクティベーション）と不活性化（ディアクティベーション）」のところを参照）

リカバリーの補助器具

　マッサージ器具や電気刺激など、私はさまざまな科学技術を俳優に使用してきたが、あなたもいくつか試してみてほしい。器具によっては高価なので、購入するよりも短期間レンタルすることを考えてみてもいい。

マッサージ器具

　リカバリーの助けが必要な俳優と仕事をしているとき、マッサージガン［先端に振動するローラーやボールのついた、銃やドリルのかたちを

した便利で効果的な器具］をいつも使った。これを使うと、身体のさま
ざまな部分の筋肉をほぐせ、血流が増し、治療の効果もあった。

　マッサージ器具を使うと、体内の乳酸や毒素などを取り除くことがで
きる。高価かもしれないが、回復の速度を増し、ケガを予防するために
も、こうした器具を使うのはじゃまにならず、とても効果的で効率のい
い方法だ。

　俳優が衣装を着ていても使える器具なので、私はよく撮影現場で使用
した。こうした器具を使うと、時間をかけず、狙った部位を処置するこ
とができる。バッグに入れて簡単に持ち運べるし、トレーニングの前後、
あるいはトレーニング中にも使える（162ページの『『インディ・ジョー
ンズ』シリーズ　ハリソン・フォードのトレーニング」を参照）。

電気刺激による補助

　コンペックス社の〈TENS〉といった機器を使うと、目標とする筋肉
の部位に電気の刺激を送れる。こうした機器はリハビリの初期によく使
用され、負荷をかけずに血流をよくし、筋肉が衰えるのを防ぐ（筋組織
は使われないと弱くなる）。関節に刺激を与えながら、筋肉を回復させ
ることができるのだ。また、ひどい腫れを抑えるポンプ機能としても働
く。回復を速めるために、冷却と圧迫といった処置と組み合わせて使用
されることも多い。

　当然だが、私がクライアントに使用した器具のなかには安価ではない
ものもあるし、誰もがTENSのような機器にお金を使いたいわけではな
いことも承知している。だが、こうしたものはとても効果的なので、
知っておいて損はない。レンタルできるものもたくさんあるので、いつ
も使う必要がないと思っている人には、そのほうがいいかもしれない。

　空気圧でマッサージする器具〈ノルマテック〉は検討する価値がある
かもしれない。これは空気で膨らむズボンを穿くような器具で、いくつ
かに分かれた部分が圧縮されることで、トレーニング後のリカバリーを
効果的に補助してくれる。筋肉は圧縮されると痛みがやわらぎ、その部

位の血行がよくなる。ノルマテックは持ち運びできるので、ベッドに寝転んだりイスに座ったりしてすぐにリカバリーができる。とてもシンプルなコンピューター制御システムなので、圧力と時間をコントロールできる。装着しながら眠ってしまってもかまわない。リカバリーのあいだに台本を読んだり読書をしたりと、別のことをしたい人にはうってつけの機器だ。私には手が2本しかないので、同時に何人もの俳優のリカバリーをしなくてはならないとき、これは重宝した。

冷水療法

　冷水にはすばらしい治癒の効果があるという。アイルランドでの撮影中、フォーティ・フットというところに行ったのを覚えている。そこには年間を通じて海水浴する人がいて、氷のように冷たい波が打ち寄せるなか水に入っている。私は泳いでいる人と雑談をしたが、誰もが日課として冷たい水で泳ぐと心身によいと言葉を尽くして絶賛した。水に入ると、頭がすっきりし、集中力が高まり、元気になるのだという。痛みがなくなる人もいるそうだ。冷たい水に潜ると、最初はとんでもない衝撃がある。正直、ぞっとするほどだ。だが、それに耐えられると、やがてたまらなくなる。冷たい水に入る人はほとんど依存症のようになっているのではないかと思う。彼らは毎日入り、1日も欠かすことができない。心拍数が上がって血行がよくなり、体内の毒素が減ると同時に、白血球の生成が促され、免疫力が高まる。健康にいい依存症である。

　あなたもバスタブに水と氷をいっぱいに入れれば、冷水に浸かることができる。その究極がクライオセラピーだ。数分間、とんでもない温度（カプセルの中は摂氏マイナス100度以下）のなかにつかると、身体の回復システムが活性化されるのだ。クレイグが007シリーズの準備をしているときなど、この療法を俳優たちにも何度も使った。

　各部位に使える冷却療法では、〈ゲームレディ〉が私のお気に入りだ。これは、コンピューター内蔵のクライオセラピー機器で、回復を補助し

たい身体の部位を圧迫し冷やすことができる。俳優にも試し、私自身も使ってみた（これは眠っているときにも使える）。この機器が使えない人は、昔ながらのやり方だが、袋に氷を詰めて使ったりしても、同じように腫れを抑え、痛みをやわらげる効果がある。

温冷浴

クレイグはよく温冷浴をしていて、3分間お湯に浸かったあと3分間冷水に浸かった。これは免疫系を高めるのに最適なだけでなく、回復を助け、健康を促進する。冷たいプールに入ると、皮膚に近い血管が収縮する。そのあとで温かいプールに入ると、血管が膨張し、血液が流れだし、毒素を排出する。

温冷浴ができるところがなかったら、自前の温冷療法をやってみることだ。まず温かいお風呂に入り、そのあと、身体の痛む箇所やケガをしたところに氷を10〜15分あてておく（氷を布巾にくるんだりして直接あてないようにする）。それからまた、患部を温かいお湯に浸ける。それを2、3回くり返す。

11 睡眠の質を向上させる

　睡眠は、自分の計画がどのように進んでいるかをはかるよい目安になる。トレーニング、栄養、回復にかかわるほかの要素のバランスがとれているとき、それは睡眠の質にも反映される。そうした要素のうちどれかが極端だったり偏っていたりすると、睡眠パターンに支障をきたす。トレーニングが激しすぎたり、栄養バランスが悪いと、まちがいなく睡眠にも影響が出る。

　私はいつもクライアントに睡眠についてたずねる。制作準備期間中や撮影現場で、朝会ったときに最初に話題にのぼるのが睡眠のことも少なくない。**睡眠ほど強力な回復手段はない。**にもかかわらず、多くの人が睡眠の質の重要性を軽く見ている。睡眠の質がよくないと、あまり回復できないことがわかっているはずなのに。

　睡眠中、体内でHGH（ヒト成長ホルモン）が分泌されて、身体は回復する。修復と回復に欠かせないこのホルモンのおかげで、翌日もしっかり動けるのだ。睡眠が断片的でよく眠れないと、疲れが取れず、ケガのリスクも高まる。集中力がきちんと発揮されないからだ。疲れていて元気がないと、糖分などの必須ではないエネルギー源にまで手を出してしまう可能性が高くなる。

　当然ながら、睡眠は反対の方向にも働く。眠りすぎてしまうと、心も

身体も冬眠状態のようになってしまい、目覚めてもやる気が出にくくなる。大切なのは自分のバランスと、自分のレベルに合ったものを知ることだ。中途覚醒せずに自然と目が覚め、最低でもレム睡眠（身体が必要とする深い修復状態）が4時間とれれば、それがしっかりと眠れるようになっている確かな徴候である。睡眠サイクル内で、身体はしっかりと回復、再起動、再生という責務を果たしている。

睡眠を記録する

　睡眠は生きるうえで自然なことだ。だが、睡眠が得意な人もいれば不得意な人もいる。あなたがうまく眠れる人なら、睡眠が得意な人がどういう人かわかるだろう。どこででも眠れる人は、数少ない幸せな人だ。そのような能力をもった人はわずかしかいない。ほとんどの人は質の高い睡眠をとるために適切な環境を必要とする。その環境をつくりださなくてはいけない。これには意識的な努力が必要なので、自分に合ったものを見極めるためにいくつか試してみることだ。

　私は寝る直前にシャワーを浴びることなどを習慣にしている。そうすると、リラックスできることに気づいたからだ。あなたにも何か必要なことがあるだろう。それはこれまで考えもしなかったことかもしれないが、そのおかげでぐっすり眠れるようになるかもしれない。

　自分にぴったりの環境がどんなものかわからない場合、ベストな環境がわかるまでしばらく睡眠日誌をつけてみるといい。次のページにあるような睡眠に関する表を参考にしてほしい。まず目が覚めた瞬間に記録するのだ。何時間眠ったか、入眠したおおよその時間、起床時間、どのような環境だったかを記しておく。人にはそれぞれ自然なバイオリズムがあり、身体はある時刻になると、一定の時間活動を停止したくなる。室内の温度のような単純な要因も睡眠の質を大きく左右する。

	1	2	3	4	5	6	7
就寝時間							
入眠時間							
起床時間							
夜中に目が覚めたか							
就寝前どのように過ごしたか							
睡眠環境に変わったことはあるか							
食事内容							
起床時の気分							

　よい睡眠は環境によっても育まれる。寝室では電気をつけていないとだめだろうか？　それとも、遮光カーテンを引いて街灯の光も遮断し、真っ暗なのが必須条件だろうか？　夜は完全に静寂がいいか、落ちついた音楽を流したいか、車の通る音などの環境音は平気だろうか？　寝室の環境はほかにはどうなっているだろうか？　新鮮な空気が顔にあたるよう窓は開けて寝たい？　よい睡眠のための感覚的な要素はどうだろうか？　こうしたことを確認して、そうした環境にまつわる要素を適切に整えてから就寝する。

　反対によく眠れなかった場合は、その原因を突きとめるために、環境に何か変わったところがなかったかを記しておく。特定の食べ物の影響かもしれないし、水分を摂りすぎたのかもしれないし、快適さのような単純な理由かもしれない。自分の身体に合っていないマットレスと、首や肩や背中に合わない枕を使っている人がとても多い。こうした問題はよくあることだが、とても簡単に解決できる。

　また、理想としては、少なくとも就寝の1時間前にはPCやスマートフォンの画面を見るのはやめて、脳に刺激を与えるのを控えたほうがいい。スマートフォンもサイレントモードにしておく。だが、現実にはい

つもそうするのは難しいだろう。寝る直前までパソコンに向かわなくてはならなかったり、そうしたかったり、電話で家族や友人と連絡をとったりするのは理解できる。だが、睡眠の質を真剣に改善したいのなら、寝る前に画面を見るのをできるだけ少なくする方法を考えたほうがいい。

カフェインの強いコーヒーや紅茶、糖分の多い飲み物は睡眠を妨げる。人それぞれライフスタイルも見解も違い、刺激を受けるものも違うのはわかるので、自分に合うものを見定めたい。テクノロジーを使って睡眠のパターンを測定するのもいまでは一般的になっている。トレーニングを管理するのにテクノロジーを使うのだから、睡眠もトレーニングの一環と考えて、同じように管理することだ。

食べ物や飲み物で調整する

睡眠のパターンがうまくいっていない場合、何かのバランスが崩れているサインだろう。空腹でつらくても満腹すぎてもリラックスするのが難しくなり、良質な睡眠へといざなわれる瞑想状態に入れない。厳しい食事制限をしていると、できるだけたくさん眠りたいと感じることが多い。そうすれば、食欲にわずらわされずに済むからだ。そのため、早々に就寝してしまう。しかし、こうした一連の行動はたいていうまくいかない。良質な睡眠がとれないからだ。

私がクライアントからよく眠れないと相談されたら、質のいい睡眠をじゅうぶんとれるよう計画する。バランスをよくするために、トレーニングの強度を少し下げたり、カロリーの調整など、簡単なことをするだろう。空腹のせいで夜中に目が覚めないようにするためには、寝る前に軽く食べてもいい。その時間に合ったものを食べるのが重要なのは言うまでもない。私の場合、胃酸が逆流するおそれがあるので、あまり遅い時間に肉を食べない。そのかわりに、もっと健康にも消化にもいいものを食べる。スープは軽く水分補給もでき、さまざまな食品群が含まれているのでお勧めだ。リラックスした状態になれるよう、ウコンのように

抗酸化作用のあるものや、マグネシウム、亜鉛などミネラル豊富なもの
を摂取する。夜食については最も効果的なものを見つけるのに試行錯誤
が必要だろう。大事なのは、食べるものをしっかり調整して、その時間
に一番満足できるものを見つけることだ。

　就寝前にカモミールティーなど「眠くなる」お茶を飲んでもかまわな
い。とはいえ、そうした効果は生理的なものよりも気持ちの問題だろう。
就寝前にお茶をいれる過程が、そのときの香りもなども含め、リラック
スしてまったりと眠る準備をするのに必要な身体へのサインになる。**身
体は規則性とルーティーンが好きなので、就寝の準備を整えていること
がわかるのだ。**

就寝時間をいつでも一定にする

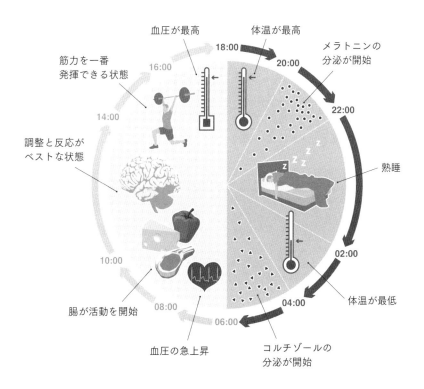

　人それぞれ体内時計が違うので、自分の身体の声に耳を澄ませることだ。あなたの身体はいつ活動的でなくなり、眠る準備を始めるだろうか？　身体の自然なバイオリズムに合わせて調整し、眠気を感じたらあらがわないようにして、早めに就寝する。同様に、夜中までよく眠れそうにないとしたら、午後9時に寝ようとしても意味がないので、もっと遅い時間に就寝したほうがいい。

　身体が何を訴えているかに常に注意を払い、しっかり眠るためにはいつ就寝したほうがいいかを知ることだ。身体は一貫性を好むので、毎日同じ時間に自然なパターンや行動をとるようにする。決まった時間に寝る習慣ができあがると、良質な睡眠がとれるようになる。

　制作期間中、ご存じのとおり俳優はかなり早起きをする。現場に朝6時に入るために4時30分に迎えが来ることもめずらしくない。そうしないと、トレーニング、アクティベーション、朝食の時間がとれない。そのあと、ヘアメイクを済ませ、衣装に着替え、9時ごろに現場に入って撮影が始まる。このように早朝から1日が始まると、ぐっすり眠るためにはいつもの就寝時間を調整する必要がある。**いつもより睡眠時間が数時間短くてもやっていけるなどと思わないように。**そんなことをすると、演技、集中力のレベル、健康全般に悪影響があるだろう。よく眠れていないと、誰でも気分が優れなくなる。

睡眠「時間」に惑わされない

　人によって必要な睡眠時間は違う。8時間睡眠が必要な人が多いが、6時間の人もいるし、4時間でもなんとかなる人もいる。大切なのは睡眠の質と、朝目が覚めたときの気分だ。

　長時間寝ることもあるだろうが、これは中身のない眠りでしかなく、深い眠りの状態にはなっていない。深い眠りに入ると、心拍数と代謝が下がって身体の動きが鈍くなり、前日の情報を整理して記憶するよう脳が切りかわる。熟睡しているときにはこういうことが起こっている。私

はいつもクライアントに、**8時間浅く眠るよりも4時間深く眠るほうが
はるかにいい**と伝えている。翌日に向けて何もかもが再起動される深い
修復状態に入るには、少し時間がかかる。たとえば、飲酒していると、
必要とする深い眠りには入れない。アルコールには基本的に鎮静作用が
あるが、夜の長い時間、レム睡眠を抑制してしまう。熟睡したかどうか
は目が覚めたときの気分で判断できる。浅い眠りだけだと起きても疲れ
が残っているが、深く眠ると、元気を取り戻し、これからの1日に向け
て準備万端だと感じる。

　眠りすぎるのも、体内時計が狂ってしまい、翌朝の気分に悪影響が出
るのでよくない。いつもどおりの時間に起きて、二度寝しようとベッド
に戻るのは、エンジンをかけた途端に切るようなものだ。適切な睡眠時
間ですぐに起きるほうが、いつまでもぐずぐず眠っているよりもいい。

トレーニングと睡眠

　夜の遅い時間までトレーニングを行うと、心拍数と代謝が上がるので、
身体が落ちつきリラックスして睡眠にふさわしい状態になるには時間が
かかる。一般的に、トレーニングは就寝の2時間前には終えるようにし
たい。私はクライアントのトレーニングの時間を変更し、睡眠の質が向
上するよう1日のうちでもっとも早い時間に実践した。また、トレーニ
ング後の食事は、流動食のようなもののほうが消化にいいのでお勧めだ。
そうすると、よく眠れるようになるだろう。

　私はよくクライアントに「アスリートの昼寝」の機会を活用するよう
言っている。そうすると、すぐに身体が再起動して元気になる。セット
や照明を変えたり、何か技術的な問題が持ち上がったりして撮影現場で
短い空き時間があると、貴重な休養時間になる。足を高くして昼寝をし
たほうがいい。

「アスリートの昼寝」は科学ではなく、ちょっとしたコツだ。どんなふ
うにするとうまくいくかを自分で確認してほしい。

　とはいえ、20分以上昼寝をするのはお勧めしない。元気がなくなり、夜の睡眠に差し障るからだ。長時間うとうとすると、身体は深い睡眠に入ろうとしていると捉えるので、目覚めたあと、活動を再開するのに時間がかかりすぎる。長くても20分眠るだけなら、瞑想をしたようなものなので、心身共に軽く休むことができ、リセットして、再起動できる。そうすると、残りの1日を元気に過ごせ、集中力も格段に高まる。

　よく眠れないことを気にする人が多いが、残念ながら、気にするのはおそらく最悪だろう。夜に安眠でき、自分でコントロールできる効果的な要素がたくさんあると自信をもつことだ。

　完璧な睡眠パターンを発見する方法を見つけよう。それには**睡眠日誌をつけると見つかることが多い。**あるいは、2～3日ホテルに泊まったり友だちの家に滞在したりするなど、少し時間を空けるといった単純なことでうまくいく場合もある。環境を変え、睡眠不足のパターンが断ち切られるのはとても効果がある。

12 ケガと挫折に対処する

　まえがきで、ダニエル・クレイグは007の現場でケガをしたり肉体的にどうしてもうまくいかなかったりしたとき、私が「治す」のを手助けしたことについて書いている。だが、ケガをした人の身体を治すことは、リカバリーの一部でしかない。回復への前向きな計画とはっきりした道筋がないと、ケガした人の心の健康にも影響があるかもしれないからだ。ケガをすると、治療の過程で挫折感を味わうため、落ち込んでしまいがちだ。かくいう私が最近このことに気がついたのは、本書を執筆中に足首を骨折してしまったからだ。

　ケガによる心理的・感情的な影響に対処するのは、身体のことやリハビリそのものを扱うよりも難しいことが多い。むしろ、それが私の仕事の大きな部分を占める。007シリーズの撮影中、クレイグのそばで働いていたときもその例にもれなかった。一流のアスリートが絶えず身体を追い込んでいてケガをしてしまうように、クレイグもアクションシーンの撮影中、身体のいろいろなところを痛めた。それには『ノー・タイム・トゥ・ダイ』の撮影中に起きた足首のケガもあった。身体が弱っているときは誰でも心細くなるだろう。あらゆる挫折は解決できるし、私の仕事は正しい手順で、クライアントを最も効率的に完治させることでもある。

ケガはつきもの

　ケガを避けては通れない。アクション映画に出演していたら物理的に回避することができない。私はそのことを受け入れるしかなかった。もちろん、俳優との仕事では、そもそもケガをしないようにするのが目的だ。予防のために、私は007シリーズのスタントシーンをチェックし、ダニエルの肉体が何をするよう求められているのかを確認する。そのシーンがハードなもので、たとえば、クレイグの膝や肘に衝撃が加わると思った場合、その部位をテーピングして保護するだけでなく、衣装の内側に保護パッドを仕込む。だが、俳優が追跡シーンや身体を使ったスタントシーンを撮るときに私が安全予防を施しても、ある種のリアリズムは欠かせない。そうしないと単純に真に迫って見えないからだ。

　重大なスタントシーンではリハーサルを何度も行った。だが、実際に撮影してみると、必ず違和感があった。リハーサルでは動きやすいトレーニングウェアとスニーカーを着用していたが、本番では、テーラードスーツを着て、革靴を履いている。武器を持ちながらでこぼこの地面を走り、そこらじゅうで爆発が起こった。現場では400人のスタッフと3台のカメラに囲まれ、当然リハーサルと異なる環境だ。クレイグはアドレナリンが出て、やる気もスピードも増したため、何テイクか撮ったあとはたまった乳酸と疲労に対処することになった。

　撮影中にクレイグが負傷した数々の瞬間を私はいまでもはっきり覚えている。『慰めの報酬』の撮影中、彼は飛行機から落ちるスタントをしていて肩を痛めた。『スカイフォール』のときは両足のふくらはぎに肉離れを起こした。パインウッド・スタジオの列車内で行われた『スペクター』の格闘シーンでは、膝の前十字靭帯を損傷し、残りの撮影のためになんとかしなくてはならなかった。ほかにももっと小さなケガがあった。身体とは複雑でおかしなものだ。大きな問題や失敗が起きなくても、道で滑ったり階段を踏み外したりなど、どれだけ健康や安全に注意して

も避けられないような、運動能力とほとんど関係ない些細なことが起こったりもする。

　あなたはアクション映画の撮影のような危険なことをしないまでも、どこかでケガをしてしまう危険性に備えなくてはならない。このことをあらかじめ受け入れておくと、実際に起こったときにずっと対処しやすくなる。

負傷していない部分のトレーニングを続ける

『ノー・タイム・トゥ・ダイ』で足首を負傷してから2〜3週間のうちに、私はクレイグを誘ってジムに行き、ケガに対処するために上半身などを鍛えさせた。手術のあと、私はそのケガのリハビリの流れに従いつつ、クレイグが身体のトレーニングを続け、気持ちを切らさずにいるための道筋をすぐに考え出した。

　ケガの治療期間中であっても、ほかの部位のトレーニングを続けたほうがいいと私は考えている。頭と身体をトレーニングしておくと、身体を修復するのに必要な物質やホルモンの分泌が促されるからだ。身体を動かし続け、代謝を維持するなど最も自然な状態を保てれば、血行がよくなるおかげで回復のプロセスが速まる。活動しないと筋肉の働きが鈍くなり、衰えてしまう。ケガとは単に一時的なもので、身体全体が動かなくなるわけではない。身体を動かし続けると、運動能力が衰えずに済む。身体のエンジンを切らずにアイドリングしておくイメージだ。

　俳優が負傷するたび、私は話し合いをして、いまできることに取り組み、身体をしっかりと回復状態にする計画を立てる。そこには、抗炎症作用のある食事に切りかえるなど、栄養面を適切にすることも含まれる（抗炎症作用については244ページを参照）。

　私は常に、俳優たちが回復し、完治するベストな方法を探究している。ケガをしていない部分のトレーニングを平行して行うことで、ケガのことをいったん忘れ、ほかのことに集中できる。私とクレイグは、治った

らすぐに万全の状態で残りの撮影に臨めるよう、足首のケガに対処できることはなんでもやることにした。

感情の訴えに耳を澄ませる

ほとんどのケガには、腫れやアザなど肉体的な影響が見られる。しかし、注意しなければならないのは、目に見えない二次的な要因、つまり、ケガが心の状態に与える影響だ。ケガした人がリハビリや回復に必要なことに関心を失っていたら、あまりよくない徴候である。知ってのとおり、ケガには挫折感がつきものだ。身体が治るにはどうしても時間がかかるので、日常生活の些細なことができなくなることも少なくない。

身体をよく使っていて、それまでできていたことができなくなった人にとって、ケガはなおさら挑戦しがいがある。そうした時期を活かして、自分について知るのだ。よく眠れずにいらいらが募る日々と、落ち込んでしまい、そこから抜け出せないもっと深刻なときを分けられるようになる必要がある。負傷しているとき、身体面と同じくらい精神面にも注意を払ったほうがいい。

長期にわたる負傷をすると、ほとんどの場合、心身両面でケガをする前よりも強い部分が出てくる。ケガに対処するとは、回復の過程で自分にできることをみずから証明しながら、心を整えるようなものなのだ。すると、おのずと精神的に強くなると同時に、目標を再設定することで回復の過程を強化できる。完治したときのために新たな目標を掲げるのだ。そして、**大事なのは何かの始め方ではなく終え方**なのだということを思い出す。

人生のほかのことと同じく、身体づくりにも浮き沈みがある。よいときを楽しみ、悪いときには、そこから抜け出す方法を見つけるきっかけを探して、それに対処する方法を身につけなくてはならない。おそらく人はよいときよりも悪いときに多くを学ぶ。**自分を言い負かさなくてもいいが、時には自分を褒めてあげなくてはならない。**

　ケガをしたりうまくいかなかったりする時期は誰もがつらい思いをする。ためらわずに自分の感情を口に出したり、やる気がしないと言ったりしたほうがいい。落ち込んでもいいし、いつも前向きではいられないと認めることが必要なこともある。**感情にあらがってはいけない。** 望んでも望まなくても感情はそこにあるので、それをどう扱うのかが大切なのだ。ケガや数日間いつものトレーニング計画ができないことに思い悩む状態から抜け出すために、何をするか事前に考えておくといい。音楽を聴いたりテレビを観たり、コーヒーを飲みに行ったり犬の散歩に行ったりすると気分転換になるかもしれない。気が紛れることならなんでもいい。

復帰への道筋を立てる

　負傷しているとき、復帰するための計画を立てることほど重要なものはない。計画がないと、いつ元の健康な状態に戻れるのかわからず、正気でなくなりそうなほどいらいらするだろう。目標が必要なのだ。ささやかな目標と、途中で前に進んでいることを確かめられる瞬間が欠かせないのは、そのおかげで、前進するのに必要な気持ちに弾みがつくからだ。計画を立てれば、1週目にどうなっていたらいいか、2週目にはどんな具合か、3週目にはどれくらい動けるかなど、イメージを抱くことができる。

　私は治療に関する専門的なアドバイスをくれるすばらしい専門家のチームに囲まれているので、クライアントを助け、正しい工程をたどるための方法や情報を教えてもらえる。できれば、医療の専門家（理学療法士や医師など）に診てもらい、身体が治るのにどれくらいかかりそうかを相談してみよう。治療にかかる時間は人によって違うので、いつ次のステップに進めるのかもたずねてみることだ。

1人でなんとかしようとしない

　私はトレーナーとして主にクライアントのモチベーションを高めているが、それは負傷期間中も変わらない。私は俳優が活動を続けられるためにその場にいる。ケガのせいで落ち込んでいるなら、それを切り抜けられるよう元気づけるのが私の役目だ。リハビリも身体づくりも順調だと示し、すぐに元のすばらしい状態に戻れるように適切なプロセスを歩んでもらう。私は「きみはここにいて、負傷しているので、できるだけベストを尽くさないといけない。『たられば』『でも』『ひょっとすると』などと考えても意味はない。ただ、やったこと、できること、やることに集中するんだ」と伝える。

　長期間一緒に仕事をしていると、自然と友情が育まれる。007シリーズの5作品の撮影を終えると、私とクレイグはとても親密になっていた。とはいえ、仕事とプライベートはきちんと分けなくてはならない。撮影現場では私はプロフェッショナルだが、仕事を離れてもクレイグは友人だし、つらいときには友人のように支えになる。

　もしあなたも負傷したら、誰か話ができる人（友人や家族など）を見つけるか、同じようなケガをして完治した人を見つけるのをお勧めする。そうした人たちは、あなたが前に進んでいて、トンネルの先には光が待っていると元気づけてくれる。

　私が最近足首を骨折して手術が必要だったとき、クレイグもほかの友人のようにメッセージをくれて、ケガのあいだ私を支えると知らせてくれた。彼は同じような経験をしているので、友人の誰よりも共感を示してくれたのだ。同じような経験があれば、たとえまったく同じケガではなくても、助けを必要とする誰かが復帰するためのプロセスについて話し合うことができる。

辛抱強く自分の身体と付き合う

　身体づくりにおいて最も根拠のない話は、痛みをくぐり抜けないといけないというものだ。だが、痛みを忘れ、痛くても続けるというマッチョな考え方は危険だ。成長するのに痛みが必要ないことをあなたももうおわかりだろう。痛みには程度があり、リカバリーのときでも自分を追いこむときには痛みがあるだろう。しかし、**前進するための痛みと、ケガを引き起こしかねない有害な痛みを見極められないといけない。**

　ほとんどの人が、リハビリをどんどん進める時期と、ひと休みしてペースを緩める時期をなかなか見分けられない。それを体系化する方法として、ケアをする日を設け、そのあとに訓練する日を設け、またケアをする日に戻す方法が私は気に入っている。ケアをする日か、訓練する日だけですぐに回復するよう期待しても、そうはならない。バランスが欠かせないため、両方をくり返すとうまくいくだろう。訓練だけではケガにはよくない。それでは問題を見定めずに、状態を悪化させてしまうかもしれない。バランスこそが重要なのだ。

　訓練の日には、ケガのあいだに衰えた筋肉をもう一度つけたり関節を強化したりする特別なトレーニングを行ったほうがいい。筋力をつけ、バランスと可動域を整え、自分の行動パターンや動きの流れを修復する。ケアをする日には、私は訓練の日にどんな反応があったかを理学療法士と相談し、そのまま続けられるかを頻繁に確認した。私はこのプロセスを、**テスト、休息、前進**と呼んでいる。ケアの日には、手技療法、アイシング、屈伸やストレッチをして、ふつうの休養をとる。

　1日に10時間〜12時間あるいはそれ以上一緒にいると、相手の疲労の徴候やうまく力を発揮できていないときがわかるようになるし、不安や不満に思っている様子にも気がつくようになる。

　何年もクレイグと仕事をして、彼の能力も、いつ追いこんでいつ追い込めないのかもわかるようになった。これは毎日のように誰かと長時間

過ごした結果だ。

　このことはトレーナーとして欠かせない仕事の一部になる。最も賢明なやり方とは、リハビリのプロセスを速めないよう常に慎重になることだ。長年の経験があると、早急な前進と自然な前進とのあいだのちょうどいいラインを進む方法がわかる。無理に進めると、数週間後退するおそれがある。時には自然にまかせなくてはならない。副反応が出たら、一歩引いて自然に進んでいくよう立ち戻ることだ。反応が落ちつくまで待ってから、またプロセスを速めればいい。

　ケガというのは身体がやりすぎを訴えた結果の場合もある。事故でケガをした場合はもちろん避けようがないが、トレーニング中に起こるケガは、もう少し対処できる。そして、もしそのような負傷をしたら、自分の身体に合っていることをもっと知る機会になるもしれない。もう一度起こる可能性を低くするためにトレーニングや栄養面で何か変えられないかを自分の胸に聞いてみることだ。あるいは、しっくりこなかったり、痛みがあったら、自分の生体力学（どのように身体が動くか）に合わないトレーニングや方法をなくすのもいい。

PART 1
トレーニング

PART 2
リカバリー

PART 3
ニュートリション

13 身体への燃料補給

　正しい栄養を摂ると、パフォーマンスが上がり、エネルギーが供給され、心の健康にもよい。食事のひと口の中にも、トレーニング後のリカバリーシェイクのひと口にも、たくさんの感情や心理が含まれている。栄養しだいでその日の調子が決まる。**健康も回復も睡眠もすべてが栄養を中心に回るのだ。**食べ物をどうとらえ、どういう目的に使うのかなど、食べ物との関係が健康全般に対して重要なのは言うまでもないが、よく知れば知るほど、身体に必要なものを燃料としてとり入れることができるようになる。**栄養で大事なのは、必要な情報を得てから決断することと、悪い習慣をやめることだ。**

　俳優でもアスリートでも身体づくりを始めたばかりの人でも、適切なものを食べなければ目標を達成できない。一生懸命トレーニングしていても栄養がひどければ、成長するのに最良の機会は得られないし、自分の才能を最大限発揮するのに苦労するかもしれない。

　ここでは、私の25年にわたる経験と観察をもとにして、栄養についての考えを伝えたい。また、どうして食習慣のなかで一番悪いのが栄養不足なのかや、たまにワインやビールを一杯ぐらい飲んでもいいと思っている理由についても触れる。

　私は2つの考え方を切りかえられるほうがいいと思う。1つは、「パ

フォーマンスのための栄養」に焦点をあてた考えで、もう1つは、心の健康や友人、家族などとの人付き合いに関する考えだ。この方法は私のクライアントにはとてもうまくいっている。ここから、私が物事をシンプルにしておきたいことと、**あなたが自分の栄養状態を改善して、ダイエットをしなくて済むと気づいてくれることを願っている。**

パフォーマンス対健康

　栄養は感情を刺激する。栄養は感情を満たし、熱を抑え、欲求をしずめる。自分に合う食品がわかったらすぐに、栄養との関係性もすっかり変わるだろう。

　食べ物に対する考え方は自分の状態と気分しだいだ。ケガをしている場合、食事も薬のようにとらえるだろう。何か強度の高い運動をしようとしているとき、食べ物はエネルギーを補給するものだし、トレーニング後はリカバリーを補助するものだ。食べ物によって睡眠の質も向上する。食べ物に対する認識は変わり続ける。だが必然的に、身体は状況に応じてエネルギー、回復、休養など、欲するものを知らせてくる。**「パフォーマンスのための栄養」と「健康」という2つの考え方を切りかえられたら、すばらしいバランスになるだろう。**

　パフォーマンスのための栄養という考え方をするには、自分に合った栄養は何か、その食べ物を摂取することでどんな生理的な効果があるかを考えることが役立つ。**身体づくりの目標に向かって取り組んでいるとき、パフォーマンスを助けるためにはトレーニングの前後に摂るのにふさわしい食べ物、飲み物、サプリメントの組み合わせがある。**

　自分が摂取するものと、そこから（すぐに使われるにしても、蓄積されるにしても）どのような刺激とエネルギーが得られるかを考えなくてはならない。私は何かを食べようとするとき、いつも「これは私にどのように働くのか、どうしていまこれを食べるのか？」と自問する。

　眠る前に摂取する栄養素には、タンパク質を含むミネラルなど、身体が修復され、翌日も動けるようになる組み合わせがいろいろある。

　一方で、家族や友人との社交を優先するときは、頭を切り替える必要がある。「よし。あれはパフォーマンスのための栄養だったが、いまは人付き合いの場だ。栄養についての決まりを緩め、心の健康を育もう」と考えるといい。必要に応じて2つの考え方を簡単に切りかえられたら、食べ物との関係がもっと健康的になり、身体づくりと栄養についての目標を達成できるにちがいない。

栄養不足で台なしになる

　過剰な食事制限の計画を立て、惨めな気分になっている人ほど悪いものはない（ここで「ダイエット」という言葉を使わなかったのは、私はその言葉が大嫌いだからだ！）。ダイエットは心身両面で続けるのが難しい。それに、当の本人にとってひどいだけでなく、まわりの人にとっても身の毛のよだつものだ。というのも、ダイエットしている人は気分が絶え間なく変わるので、まわりの人がそれに耐えなくてはならないからだ。**栄養にまつわる最大の失敗とは、極端な食事制限をして、身体が馴染んでいた食品群を摂らなくなってしまうことである。**

　私の経験では、ある食品群をすべて摂らなくなったり、食事を抜いたりすると、脳にとんでもない影響がある。飢餓状態になっているので、身体も脳も極端な状況にうまく対応できず、抵抗を示す。あまりに制限すると、まちがいなくひどい気分になるので、そのような厳格な計画は継続できないだろう。

　特定の食品を摂取できないことを自分に言い聞かせると、四六時中その食品のことを考え、食べたくなる。心理学的には、**何もかもテーブルに載っていて、いつでも好きなときに何でも食べられるように感じるのが重要だろう。**選択肢は欠かせないが、そのうえで正しい情報をもとに決断し、自制することが必要なのだ。制限していても、摂取カロリーを

ゼロにはできないので、結局は行き詰まる。そんなことをしても、幸せで健康的な生活にはならない。

　私が仕事をした俳優はみな、栄養に関して健全な考え方をもっていた。そうなるよう、私がサラ・スグデンなどの料理人を手配し、現場に食事を用意してもらっていたからだ。私は食事制限も、特定の食品を禁止もしない。禁止すると、心身の健康を損なうだけでなく、代謝も阻害し、パフォーマンスを低下させるからだ。

　見た目をよくするために、必要な栄養素をなくしてはいけない。身体は、望むことを実行するための燃料を得ようと、どこかからエネルギーを探してくる。つまり、異化作用が起こり、筋組織がエネルギーとして消費され、苦労して手に入れた筋肉が痩せてしまう。そのため、自制していても思ったとおりにはならない。

　身体を活動が停止した状態や衝撃を受けた状態にしたくはない。身体は何かが不足していると感じると、脂肪の前にいつも筋肉を燃焼させる。そのため、脂肪の燃焼を継続するとなると、身体を楽な状態にしたほうがずっと有効だ。常に身体と協力し、あらがわないことだ。自制すると、少し痩せて見えるかもしれないが、筋肉が減っているので体脂肪率は変わらないままだ。それでは長い目で見ると、代謝も鈍くなってしまう。

　実に単純な話だが、要するに、カロリーを減らすのではなく、動くことで消費量が摂取量を上まわれば、運動能力を身につけるうえでは有効になる。必要な栄養素が不足しないために最適な範囲を見定める必要がある。**アスリートにとって、栄養で大事なのは消費であって、制限ではない。**

　栄養素を制限するとさまざまな影響がある。たとえば、女性が日常生活で必要な栄養素を摂らないと、生理がこなくなり、髪の毛が抜け、爪が割れやすくなり、肌が荒れ、老化が速まるかもしれない。それでは見た目に対して割に合わない。常に大きな視点をもち、総合的かつ長期的

な健康を意識したい。

　厳しい制限を課す計画を立てると、結局、エネルギーが不足すること
になり、体調不良やケガをしやすくなる。よい栄養に支えられた、適切
でバランスの取れた状態にないと、筋肉や結合組織のケガに見舞われや
すくなる。俳優の場合、ケガや体調不良で1日でも休むと、制作スケ
ジュールや金銭問題にまで発展する。だが、映画業界に属していなくて
も、見た目をよくしたいからといって、食事制限によって病気やケガの
リスクを上げたくはないだろう。

　食事から省くことではなく、加工食品から自然食品に変えたり付け加
えたりすることに目を向けよう。私の場合、品数を増やし質の高い食事
にしたらうまくいった。

　何をするにしても、制限する方法をとったり、押しつけたりしないよ
うにしたい。食べ物に対してうるさすぎるせいで、誰からも自宅に招か
れない人になってはいけない。人それぞれ食事との関係性は違う。柔軟
性をもつことを忘れないでいよう。

テーマを設ける日

　『ノー・タイム・トゥ・ダイ』のために取り組んでいるあいだ、クレイ
グと私は、月曜日は菜食、火曜日は魚菜食、水曜日はビーガン食、木曜
日は白身肉食、金曜日は赤身肉食にしていた。週末は社交や家族との時
間を優先させた。毎日テーマを設ける発想の裏には、制限しすぎずに
日々食べるものの範囲を設定することがある。そうすると、選んだテー
マ内で選択肢が豊富にあるため、食事がある程度バラエティーに富む。

　最近、私はわりと野菜中心の食事にしている。ウディ・ハレルソンが
スター・ウォーズに出演する準備をしていたときの影響だ。彼はロー
ビーガン［未加工の食品だけを摂る完全菜食主義者］だが、驚くほど生
き生きしている。植物由来にしてもパフォーマンスのための食事は豊富
なので、私たちはもう少し野菜中心にしてもいいような気がする。そう

すると健康にいいだけでなく、パフォーマンスを上げるのにもいいと、私が実感しているからだ。とはいえ、特定の食品群をすべてなくせと言っているわけではない（もちろん、倫理的な理由、健康上の理由、単なる好みの問題なら話は別だ）。ベジタリアンやビーガンを名乗らなくても、野菜をもっと食べることはできる。どんな主義や流派にも属せたらすばらしい。そうすると、食事のバランスがよくなるからだ。そういう人に名前をつけたければ、「柔軟主義者（フレキシタリアン）」と呼べばいい。

　ほかのトレーナーは週末に「チートデイ」を勧めるが、私は「チョイスデイ」に名前を変えたほうがいいと思う。というのも、ごまかす（チート）という言葉を使いだすと、計画から大幅に外れてしまうだけだからだ。週末が終わった月曜日にはビーガン食や菜食をテーマにし、また自分の計画に戻す。私の経験では、1週間を新たな気持ちで始めると、身体をリセットし、自分の決めたやり方で再起動できる。

　この方法は簡単なので、忙しい日に出先であわただしく食事をしないといけない場合でも、食べられるものの範囲を決めておける。だが、厳しくやりすぎないようにしたい。身のまわりの環境や体制が完璧でないかぎり、根気強くテーマに沿うのは不可能だからだ。魚菜食の日なのに赤身肉しか食べられなかった日もあるだろう。それでもかまわない。2つの日を入れかえれば、それぞれ週に1日行える。厳しい食事計画にこだわるより、5つのテーマを守るほうが簡単だ。

　こうしたテーマの範囲内で、「マクロ栄養素（タンパク質、炭水化物、善玉脂質からなるカロリーの割合）」に注意しなくてはならない。その割合は、たとえば、筋肉をつけようとしている（タンパク質を増やす）とか、エネルギーを欲している（炭水化物を増やす）など、目標や目指す身体の状態によって決まる。

筋肉をつけるモードになる良質なタンパク質

『キャプテン・アメリカ／ザ・ファースト・アベンジャー』のためにトレーニングを始めてから数週間、クリス・エヴァンスが適切な量の栄養を摂取するのは簡単ではなかった。私がクリスに会ったとき、彼は30センチの長さのミートボールサンドが特に好物だった。クリスはいつも動きまわり、近くにある食べ物には何でも手を伸ばしていた。だがすぐに、トレーニングを補い、健康を促進するのに必要な栄養を摂れるようになった。

クリスが筋肉をつけるのにじゅうぶんなタンパク質を摂取しつつ、余分なカロリーやエネルギーが脂肪細胞として蓄積されないようにするのが私の仕事だった。決められた食事のあいだ、クリスは回復を助けるために即効性のプロテインシェイクを飲むだけでなく、寝る前に遅効性のプロテインシェイク、間食として果物やナッツやシードも摂った。

トレーニングで損傷した筋組織を修復するのに大事なのがタンパク質だ。タンパク質は、筋肉が大きくなり、適応し、強くなるための栄養を与えてくれる。この過程では、カロリー不足の状態［摂取したカロリーよりも多く消費する状態］にしてはいけない。

筋組織はカロリーを燃焼させるエンジンだと考えてほしい。筋肉が働くためには、筋肉約450グラムあたり1日約30キロカロリーが必要になる。たとえば、筋肉を約2.25キログラムつけると、1日に約150キロカロリーが余分に燃焼される。

一方、脂肪が働くためにはカロリーは必要ではない。脂肪はただ何もせず、身体に残る。筋力や動作といった身体の機能を何も担っていない。唯一の目的は蓄えたエネルギーを供給することだ。

燃焼モードにするために炭水化物は摂るべき

栄養についての最大の誤解は、カロリーを不足させ、脂肪を燃焼して

体重を落としたい場合、高タンパク質の食事にする計画を立てるという
ものだ。私からすると、不足とは不足でしかなく、そうすると健康的で
バランスのいいマクロ栄養素の内訳が崩れてしまう。自分自身を観察し、
どう感じるのかを毎日チェックすることだ。エネルギーが足りていない
と感じるなら、炭水化物や必須脂質をもっと摂る。

　私の経験では、多くの人はもっと炭水化物を摂取したほうがいい。ほ
とんどの人が反対のことを言うが、私はそんなことは気にしない。これ
こそ、私のクライアントが結果を出してきたやり方なのだ。

　身体が不調で、修復が進んでいないと感じるようなら、タンパク質を
増やす。味覚も好みも人それぞれなので、自分の身体と相談し、身体が
求めるものを摂る。罪悪感など抱かず、自分でコントロールしておく。
　たとえばマクロ栄養素の内訳が、炭水化物が90パーセントで、タン
パク質と脂質が残りの10パーセントだとしても、代謝に必要なカロ
リーを下回り、不足した状態なら、身体は脂肪などのエネルギー源を見
つけなくてはならない。このようにして、体脂肪率を下げることができ
る。
　燃焼モードでは、トレーニングを完遂するためにもっとエネルギーが
必要になる。私が好きなのは、健康的で蓄積されたエネルギー源を燃焼
し続けるために、休憩せずに長い時間一定のペースで行うトレーニング
だ。エネルギーが足りなくなり、炭水化物が不足しているあいだ集中力
が低下していたら、トレーニングをどのように行うだろうか？　イン
プット（摂取）を制限する（カロリーを減らす）よりアウトプット（運
動や活動）を増やしてエネルギー不足の状態にする（身体は燃焼モード
になる）ほうがずっと有効だろう。
　とはいえ、少し注意しなくてはならない。カロリーがかなり不足した
状態になると、危機に瀕して異化作用が起き、身体が筋肉をエネルギー
として燃焼し始めてしまうからだ（そうして、代謝が阻害される）。そ
のぎりぎりの塩梅で適切に保たなくてはいけない。

　私はいつも脂肪がエネルギーとして燃焼されていると、身体が最も効果的になっているように感じる。あなたも身体が燃焼モードになるときを必ず感じとれるだろう。

1日6食にするメリット

　テーマの範囲内で、1日にどれくらいカロリーが必要かを意識したい。いつもパフォーマンスを維持できるように調整するのだ。スタジオにいようがロケ地にいようが、私はその日にクレイグが要求されることを観察していた。スタントシーンを撮影する場合、カロリーを増やし、それほど動かない会話のシーンの場合、マクロ栄養素とカロリーを変更した（自制させたりはしなかった）。『キャプテン・アメリカ／ザ・ファースト・アベンジャー』のためにクリス・エヴァンスと仕事をしていたとき、彼は1日に2500〜3000キロカロリー摂取していたが、重いものを持ち上げる日には、回復のために通常よりタンパク質を500キロカロリー以上増やした。

　クライアントの栄養状態を適切にするために、私はプロの料理人と仕事をするので特別ではあるが、あなたもその日に何が必要か考えることはできる。私がこれを「栄養設計」として考えるのは、自分とその日に合うよう、常に摂取するものを調整しているからだ。

　ほとんどの人は1日3回食事をとるが、そのせいで満腹で眠くなるかもしれない。また、身体が食べ物を消化するのにも長い時間がかかる。そのため、私は俳優たちにもあなたにも、**1日に6回ブランチをとるように、1回の食事の量を減らし回数を増やして食べるのを勧める。**

　食事間の空き時間を短くすると、次はいつ食べようかとあまり考えなくなるし、不健康なスナックに手が伸びることも少ない。すぐにまた食べるとわかっているのは心理的にもいい。1日6食にすることで得られるエネルギーと心理的効果ははかりしれない。

　私は現実主義者なので、料理人が控えていてすぐに効果的な食事を出

してもらえる俳優と比べると、一般人が実践するのは大変だということを承知している。それでも、1日6食にするのは誰にでもできると思う。人生ではしたいと思ったことはどんなことでもできる。ただし、そのための体制をつくらないといけない。身体は規則性とルーティンを好むので、2〜3時間に1度食べる1日6食の計画を立てると、よい習慣が生まれる。

胃腸の健康のために、添加物を気にしすぎない

『ノー・タイム・トゥ・ダイ』の撮影現場で、クレイグと私は、ライ麦パンのトースト、ポーチドエッグ、アボカド、野菜スープ、ザワークラウトというバランスのいい朝食をとっていた。そうした現場での朝食とは対照的に、私が初めてクレイグと会ったとき、彼はベーコンサンドを食べながらトレイラーから出てきた。

　天然のプロバイオティクス［人に有益な作用をもたらす生きた微生物群や食品］として、ザワークラウトはクレイグの腸の健康を改善してくれた。最良の食品を身体に摂り入れることはできても、効果的に分解、吸収、分配が行われないと意味がない。高品質の食べ物によって最高のパフォーマンスが発揮されるわけではない。私の経験では、**元気でよく眠れていれば、健康なだけでなく胃腸の調子もいいとわかる。** 胃腸の健康は常にすべてのバランスがとれている証拠なのだ。

　加工食品をまったく食べず、添加物が含まれたものを一切摂らない食事法が話題になるが、あまりやりすぎないほうがいいだろう。腸内の活動が損なわれるおそれがあるからだ。そうした食べ方をしていると、食品群同士が混ざらなくなる。すると、ある種のバクテリアが腸内で必要とされなくなり、身体がそれらを生成しなくなるかもしれない。身体が本来もっている機能を常に働かせておきたい。ザワークラウトだけでなく、発酵乳であるケフィアも腸内環境を整えるのでお勧めだ。プロバイ

オティクスが豊富な食品、つまり生きたサプリメントはすべて健康な腸の状態を維持するのに役立つ。

抗炎症状態をつくる

　激しいトレーニングをすると、身体を抗炎症状態にしたくなる。そのため、私は俳優たちに毎日ウコンやショウガを摂取するよう勧めている。ウコンとショウガにはすばらしい自然の抗炎症作用があり、身体から毒素を抜き、炎症を防いでくれる。

　負荷に適応するためには、トレーニングを通じて身体にダメージを与えなくてはならない。適応し、強化することで身体は反応するが、その過程の一環で、気づかないうちにどうしても炎症を起こす。だが、毎日ウコンやショウガのお茶を1杯飲んで、身体を抗炎症状態にできたら、炎症を抑えることができる。私はエネルギー補給と自然な治癒力のあるものとしてシバムギだけでなく、免疫系を活性化させるためにレモンやショウガを摂るのも好きだ。

抗炎症作用のあるウコントニック

　料理人サラ・スグデンがレシピを考案した、抗炎症作用のあるウコントニックをぜひ試してほしい。用意するものは以下だ。

- 新鮮なウコンの根っこを6片。各3センチくらい
- 新鮮なショウガの根っこを3片
- レモンかオレンジの果汁を2個分
- マヌカハニーか生はちみつを大さじ2杯
- 挽いた黒コショウを3つまみ

　ウコンとショウガの根っこの汚れは洗うか擦って落とすが、どちらも皮は残しておく。材料をすべて高速ブレンダーに入れて、なめらかにな

るまで混ぜる。それをティーバッグか目の細かいこし器でこす。強烈な1杯だがそのまま飲んでもいいし、大さじ4分の3杯をマグカップに入れてお湯を注ぎ、お茶にしてもいい。炭酸水と氷と新鮮なミントの葉を入れて、すっきりと水分補給のできるトニックにしてもかまわない。代謝を促進するためにカイエンペッパーパウダーをひとつまみ入れてもいい。また、シナモンをひとつまみ入れると、血行や循環がよくなる。

　食べることは、食べ物の味、におい、見た目に関して、あらゆる種類の感情や化学反応を引き起こす。そのため、食べ物の見た目はとても重要になる。おいしそうに見えると、気分がよくなるからだ。食事が味気なかったり退屈だったりする必要はない。皿の上にある食事がおいしそうに見えたら、食べ物との健康的な関係が後押しされる。よく言うように、人は目で食べるのだ。

パフォーマンス前後に活性化させる

　クレイグと私はトレーニング前にエスプレッソを好んで飲んでいたが、（コーヒーが好きならば）あなたにもお勧めしたい。**トレーニング前のエスプレッソは、カフェインを摂取でき、味も香りもいいので、最高の刺激になるだろう。**これからトレーニングを始めることを自分の意識と五感に伝えるのに理想的な合図だ。友人と一緒にトレーニングする前に飲むのもいい。そうすることで、自分の計画に社交を組み込めるし、その日のトレーニングについて話し合う時間もとれる。

　エスプレッソにはカロリーがないので、精糖がたっぷり入ったスポーツドリンクやエナジードリンクよりもずっと健康にいい。トレーニング前に加糖飲料を飲むほうが自分に合っている場合はそれでもかまわないが、その糖分を摂取すると、まちがいなく健康への影響があるため、コーヒーに切り替えることを検討してもいいだろう。

　パインウッド・スタジオでのトレーニング後、クレイグと私は仕事に

備えてジムから歩いて帰りながら、ナッツミルク、プロテイン、野菜で
つくった植物性シェイクを飲んだ。そのシェイクのおかげでその日の現
場での調子をいつも整えることができたのは、クレイグが栄養を社交の
場で摂るものというよりパフォーマンスを高めるものとして捉えていた
からだろう。

クレイグがトレーニング後に飲むシェイク

　クレイグが『ノー・タイム・トゥ・ダイ』のときに飲んでいたシェイ
クのために用意するもの（サラ・スグデン考案のレシピ）

- バナナ1本
- 植物性のプロテイン（えんどう豆・玄米のプロテイン）パウダーを大
  さじ1杯
- 大きめの新鮮なほうれん草を2つかみ
- 植物性（オーツ麦、アーモンド、ヘンプ）ミルクを1カップ
- ヘンプシード、ゴジベリー、チアシードを各大さじ1杯
- オーガニックのマカ根のパウダーを小さじ1杯
- シナモンパウダーを少々

　これは作るのがとても簡単だ。少量の氷と一緒に材料をすべて高速ブ
レンダーに入れて、混ぜればいい。
　炭水化物の量を減らしたければ、バナナをなくすか、半分だけ使う
（バナナを剥いて切っておき、ジッパー付きの保存袋に入れて冷凍し用
意しておく）。クリーミーな飲み物にしたくない場合、植物性ミルクの
代わりにココナッツウォーターを使う。植物性のプロテインパウダーを
選ぶ際は、余計な成分が入っていないシンプルなものを探す。甘い味が
好みなら、ステビアやバニラを試しに入れてみるといい。栄養素を加え
る場合、シバムギやスピルリナ、オオムギなどを含んだスーパーグリー
ン・パウダーのうち、好きなものを大さじ1杯足す。

　これにはタイミングが重要になる。可能であれば、トレーニング後の20〜30分以内にシェイクを飲んだほうがいい。身体が一番エネルギーを再吸収しやすい時間帯だからだ。トレーニング後のその時間帯、体内の細胞は積極的にあとで使うための栄養エネルギーを得て蓄えようとする。私は、今日のエネルギーは昨日蓄えたものの鏡として考えている。

　私はえんどう豆や玄米などの植物性プロテインが好みだ。化学物質が少ないし、胃腸に優しいように感じるからだ。分解されて身体じゅうに行きわたりやすいし、ほかのものよりも自然で滋養に富む気がする。ただ身体にエネルギーを補給するだけでなく、心にもエネルギーを補給するのだ。こうしたシェイクはジムの冷蔵庫に常備され、朝のルーティンの一部になっていた。

自分のやり方を見つける

　身体は必要とするものを伝えようとする。体内で起こっていることと調和するようにしたら、そうしたサインを簡単に読みとれるようになる。必要なものを求めるとき、身体にはそれを伝えるおもしろい方法がある。その必要なものは、カフェイン、糖分、タンパク質、炭水化物、最も大事な水分かもしれない。こうしたサインに反応するのではなく、予防する方法を身につけたほうがいい。午前11時になるといつもエネルギーレベルが低下すると知っていたら、その30分前に何か食べたり飲んだりして予防しておこう。

　身体づくりを始めると、活動や何をするか（アウトプット）を優先しがちだが、実際のところ、摂取やリカバリー（インプット）に意識を向けたほうがいい。身体に何を摂り入れるかで、身体から何を引き出せるかが決まる。自分が前進していると感じているとき、もっと健康そうに見え、健康に感じるには何が必要かを自問するといい。そうすればおのずと、精糖を減らそうと自分に言い聞かせ、栄養の計画に対して毎日できるわずかな調整を始める。小さな変化は必ず大きな成果を生む。

　最終的に、自分に合うものを見つけなくてはならない。自分と栄養との関係を掘り下げることが重要なのだ。本書で私が伝えたアドバイスのなかからいくつか選んでみてほしい。だが、あなたが続けられそうな方法を見つけるのが一番なので、好きなように自分の進む道を選ぶことだ。私の経験からすると、人は自分で決断したほうが素直に従う。そうすると、健康にいい選択をする可能性がずっと高くなる。

　つまるところ、栄養の観点から見た身体づくりとはとても単純だ。**大事なのはやる気と自分に合ったものを見つけることである。**そうすると、長いあいだ続けられる。それから、楽しめることとうれしくなることも大切だ。

14 水分補給を怠らない

　水は生命の源だ。何よりも回復させる力があり、エネルギーを与えてくれる。そのため、適切な水分補給が驚くほど重要なのは当然だ。それは、運動中だけでなく、運動の前後でも変わらない。水分は、体温、臓器の働き、体内の細胞への栄養素の運搬など、身体のほぼすべての調整をする。

　もちろん、**水は純粋に水分を補給するものだが、牛乳、お茶、コーヒー、ソフトドリンクなどもすべて85パーセント以上が水分であり、水分をしっかり摂取する役目を担える。**私は、きちんと水を飲んでいるかぎり、クライアントがコーヒーを飲んでもときどきワインを1杯飲んでも気にしない。水分補給をしていても、飲みたくなったなら、好きなようにエスプレッソでもなんでも飲めばいい。身体に水分が保たれた状態と活性化した状態のちょうどいいバランスを見つけてほしい。

　コーヒーをかなり飲む人なら、イタリア人を見習って、エスプレッソの隣に水のグラスを置いておく。水のおかげで口内がさっぱりするので、コーヒーがおいしく味わえるのだ。おまけに、脱水状態にもならずに済む。

　朝起きてすぐ水を1杯飲む習慣はぜひ身につけてもらいたい。就寝直前に水を飲むのもお勧めだが、夜中に目が覚めないために飲みすぎない

ほうがいいだろう。

　常に水を持ち歩き、1日を通して飲むようにしたい。消化に差し障りがあるので、お腹がタプタプになるほど1度にたくさん飲まないほうがいい。健康的な量の水を飲むのに慣れていなかったら、身体を水分補給が適切な状態に慣れさせなくてはならないので、少しずつ摂取量を増やす。肌の調子がよくなり、目が輝き、身体のすみずみまで健康になるのをすぐに実感するだろう。

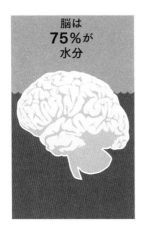
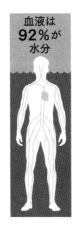
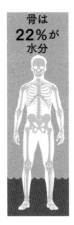
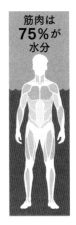

脳は **75%** が水分 ・ 血液は **92%** が水分 ・ 骨は **22%** が水分 ・ 筋肉は **75%** が水分

　お好みで、電解質と必須ミネラルを含む水分補給タブレットを水に入れてもいい。高温多湿の環境や、長時間激しいトレーニングをした日、いつもより大量の汗をかいた日にはぜひ実践してほしい。

　トレーニング中の水分補給が大事なことを私のクライアントは理解しているが、トレーニング間にひと口飲むようにして、水分補給の休憩を長くしないでもらいたい。ジムのウォータークーラー付近に何分もいないほうがいい。水分は補給できるかもしれないが、トレーニングの強度も心拍数も下がり、ジムでの貴重な時間も浪費してしまう。

　身体による喉の渇きのサインは、脳とつながっている脊髄に送られるが、空腹のサインととてもよく似ている。空腹のサインだと思っていても、実際には、脳が喉の渇きを訴えているのを空腹で苦しいと誤解して

いる可能性がある。

　まずは水を1杯飲んで、その感覚がなくなるかを確かめるようにする。ひょっとすると、まったく空腹ではないかもしれない。

準備がすべて

『プリンス・オブ・ペルシャ／時間の砂』の撮影のためにサハラ砂漠に行く2週間前、私は、水分摂取量を増やして電解質を増加させておくようジェイク・ジレンホールに伝えた。暑い国での大きなイベントや旅行が間近に控えていて、過酷な状況で活動する予定だとわかっていたら、あらかじめ2週間前から水分補給の計画を始めておいたほうがいい。現地に到着してからでは間に合わない。そして、脱水症状だと感じたらすでに手遅れで、そこから体内の水分の状態を改善するのはかなり難しい。

　だからこそ、脱水状態にならないようにするためには準備が大切なのだ。身体がより多くの水を摂取できるように調整し、摂取したサプリメントから塩分とミネラルを吸収できるよう時間をかけないといけない。身体が必要なものを蓄えられるようにすれば、あとでそれを使うことができる。

おわりに

　本書を読み、トレーニングや日課に取り組んだいま、あなたは私のクライアントたちと同じようになっているだろう。ダニエル・クレイグはまちがいなく、ジェームズ・ボンド役のためのトレーニングを通じてたくさんのことを学んだ。トレーニングや日課に関する自分の好みを発見し、そしてもう二度とやらなくて済むことをときどき喜んでいるにちがいない！　クレイグは、試行錯誤の末に身につけ、いまでは自分のトレーニングのレパートリーになった技術を使って身体づくりを継続しているだろう。ジェームズ・ボンドのためにトレーニングをした年月を、身体づくりに使う道具のようにとらえているはずだ。あなたにも本書を同じように活用していただけたらと思う。

　ジェームズ・ボンドの準備に含まれていたいくつかの要素を、クレイグは決して手放さないはずだ。ボンド役を終えたいま、理屈の上ではいくつかのトレーニング器具を脇に置いて、楽しいものだけをすればいいが、彼のメンタリティではきっとそうしない。計画に含まれていた力強い要素は、トレーニングとリカバリーから栄養にいたるまで、ある程度しっかりと彼に染みついているだろう。そうして培われた身体づくりと健康は、たとえトレーニングしていないときでも、クレイグの毎日の自然な一部になっているに違いない。クレイグが常にそうした「スマート

な身体づくり」の考え方をもっていると私は考えたい。

　世界的な映画俳優をアスリートに変えてきた方法を利用して、身体を再起動させるのに必要なものをはっきりと認識してもらうだけでなく、本書があなたの刺激になっていることを何よりも願っている。本書のトレーニングのうち、できそうなものはできるだけやってみて、コツやアドバイスを活用し、自分の目標を達成してほしい。

　おそらく、その時々の気分や身体づくりの段階に応じて、さまざまな刺激が必要だろう。今日はレア・セドゥのトレーニングの気分でも、明日はブレイク・ライヴリーのようにトレーニングしたいかもしれない。あるいは、クリス・プラットのトレーニングとジョン・ボイエガのトレーニングを交互にやりたいかもしれない。好きなように組み合わせてかまわない。本書は、あるトレーニングの方法や技術的なコツを知りたいときだけでなく、なんらかのモチベーションが欲しいときにも、何度も読み返せる1冊だ。

　私は長年映画業界で働き、信じられないような肉体改造を成し遂げてきたが、パフォーマンスが外見に勝るという私の信念は、これまでにないほど強まっている。本書を通じて主張してきたとおり、**身体づくりとは感覚である。**大切なのは、自分の身体が逆らうのではなく協力しているという感覚であり、いい歳のとり方をして、身体の健康を志半ばであきらめないことだ。身体づくりに対する賢い取り組みこそ、健康な人生の鍵となるだろう。トレーニングは楽しく、元気に、興味をもって行ったほうがいい。身体がどう動くかを理解し、追いこむときと回復させるときを見極めなくてはならない。

　すぐに結果が出なくても、自分を責めてはいけない。自分に優しくしてがんばれば、きっといい変化が起こる。本書の最も大事なメッセージの1つは、自分に合うものを見つけることだ。それが、生涯続けられる最も「スマートな身体づくり」の方法になる。子どものようにトレーニングし、自分の身体の声に耳を澄ませ、そして何より楽しんでほしい！

謝　辞

　これまでに私が仕事をしてきた人たち全員がなんらかのかたちで本書に貢献してくれた。俳優たちは彼らも気づかないうちに、私が彼らを鍛えたのと同じくらい私を鍛えてくれたのだ。本書にまえがきを寄せ、最初に本書の執筆を勧めてくれたダニエル・クレイグには特に感謝したい。天才写真家のグレッグ・ウィリアムズは、本書の口絵のために、007の舞台裏の写真を惜しげもなく提供してくれただけでなく、表紙［原書］の私の写真も撮影してくれた。文章をかたちにするのに手を貸してくれたマーク・ホジキンソンにも多大な感謝を捧げる。ジョー・スタンサル、サスキア・アンヘネントを始めとする、マイケル・オマラ・ブックスのチームの方々にも励まし、支えてもらった。また、デイヴィッド・ラクストン・アソシエーツのニック・ウォルターズ、デイヴィッド・ラクストン、レベッカ・ウィンフィールドにも、本書の執筆のあいだエネルギーと情熱を注いでいただいた。

【著者紹介】

サイモン・ウォーターソン（Simon Waterson）

◉——16歳で英国海軍コマンドスに入隊し、7年間特殊部隊に所属した後、フィットネストレーナーとしてのキャリアをスタート。映画業界で最も需要の高いヘルス・アンド・フィットネスコーチとして25年以上活躍している。

◉——英国を拠点に、世界中を飛び回り、大役を演じる俳優の準備をするだけでなく、撮影現場に同行して撮影中の健康管理を行っている。

【訳者紹介】

酒井 章文（さかい・あきふみ）

◉——英語翻訳者。武蔵野美術大学中退。訳書に『よりよい道を行け』『人の心を強く引きつける技術』（共にパンローリング）、『起業マインド100』（サンマーク出版）、『小さな家の大きな暮らし』（パイインターナショナル）、『図説「死」の文化史』（原書房、共訳）、『BILLIE EILISH ビリー・アイリッシュのすべて』（大和書房、共訳）など。

翻訳協力／リベル

インテリジェント トレーニング

2023年5月22日　　第1刷発行

著　者——サイモン・ウォーターソン
訳　者——酒井　章文
発行者——齊藤　龍男
発行所——株式会社かんき出版
　　　　　東京都千代田区麹町4-1-4 西脇ビル　〒102-0083
　　　　　電話　営業部：03(3262)8011代　編集部：03(3262)8012代
　　　　　FAX　03(3262)4421　　　　　振替　00100-2-62304
　　　　　https://kanki-pub.co.jp/
印刷所——ベクトル印刷株式会社

乱丁・落丁本はお取り替えいたします。購入した書店名を明記して、小社へお送りください。ただし、古書店で購入された場合は、お取り替えできません。
本書の一部・もしくは全部の無断転載・複製複写、デジタルデータ化、放送、データ配信などをすることは、法律で認められた場合を除いて、著作権の侵害となります。
©Akifumi Sakai 2023 Printed in JAPAN　ISBN978-4-7612-7671-3 C0075